博物馆里
的
千年荷韵

荷物志

浙江省博物馆 编

上海书画出版社

目录

荷，依水而生，见风茁壮。

寻常百姓喜爱，文人雅士吟赏。

池塘之荷，

掩映于千家万户，摇曳入诗词书画，

化身为器用装饰，留驻在生活日常；

是夏日消暑的一道美景，是秋冬滋补的一味珍馐；

是绕不开的江南景致，是舍不下的故土物华。

心中之荷，

积淀着无数情愫，寄托了品性追求，

承载着情感所系，蕴含了文化符号；

是儒者不染不妖、品行高洁的君子形象；

是道家餐风饮露、清净无为的精神图腾；

是佛门出离红尘、明心见性的灵魂皈依。

时光荏苒，世事纷攘。

初心如荷，素雅清简，岁月静好；

入世如荷，竞相绽放，不负韶华。

亭亭莲叶接天碧，映日荷花别样红。

序言

　　中国是荷花的原产地。在浙江余姚发掘的河姆渡文化遗址中，就发现了荷花的花粉化石，距今已有 7000 多年的历史。良渚文化出土的莲子化石，更对莲荷的早期形态有了直观的呈现。

　　作为华夏文化中一种非常独特的花卉，荷花集花、叶、香三美于一体，亭亭玉立，出泥不染，象征着清丽素雅的气质和高洁淡泊的情操，素有"花中君子"的美称，是历代文人骚客吟咏的对象。莲花纹作为我国的传统装饰题材，至今仍活跃在人们的生活和艺术创作中，历经数千年漫长的历史演变，有着极其丰富的思想内涵和装饰形式。

　　杭州西湖与荷花有着天然的联系，每到夏季，荷花绽放，常引来许多游客观赏驻足。浙江省博物馆孤山馆区地处西子湖畔，依托独特的地理优势，希望通过展示荷花主题的文物，将"花"与"器"相结合，从不同的艺术角度展示荷花的诱人魅力，亦对荷花纹饰造型及其文化内涵做出深层次解读，引导观众品味古物中蕴含的中华文化精髓。

浙江省博物馆馆长

荷物志

004
南朝 瓯窑青瓷莲瓣纹器

015
唐
佛说阿弥陀经变相图

018
五代吴越国
铜释迦龙座像

027
唐
越窑青瓷荷花形托盏

077
元
鸳鸯卧莲形白玉炉盖

068
南宋
龙泉窑青瓷莲花纹鸟食罐

023
五代
越窑青瓷鸳鸯形砚滴

040

五代
越窑青瓷鸳鸯纹盖罐

050

北宋
彩塑泥观音像

056

北宋
龙泉窑青瓷莲瓣纹
五管盖瓶

135

清
描彩漆莲纹葵瓣式攒盒

142

清康熙
青花莲塘纹笔筒

062

南宋
龙泉窑青瓷莲花纹碗

165

清
罗聘 竹深荷净图

093

明
龙泉窑青瓷莲花形灯盏

130

清乾隆
青花釉里红莲花纹水注瓷碗

杭州西湖大规模种植荷花，应可上溯至魏晋南北朝时期。秦汉至三国时期，西湖只是和钱塘江相连的一片汪洋，受海水倒灌和江潮的影响，很难为荷花的生长提供良好的环境。东晋、南朝时期，西湖的水域范围已经具备了荷花栽种的条件，荷花在杭州应该已有一定的分布。

　　东汉时期，佛教自印度传入中国，到魏晋南北朝时已遍及大江南北。佛教的盛行，促进了佛教艺术的兴起，莲花因其身处淤泥却不染，且花、果、子并存，颇具佛性，又

是佛教创法所在地印度的国花，成为佛教的标志，佛教的许多法物都与莲荷有关。莲花装饰大量出现在六朝器物上，既顺应当时的时尚，也具有相当的美学价值。

南朝齐梁年间，不乏供奉莲花以表达对佛的尊崇的做法。《南史》卷四《齐武帝诸子》载："有献莲花供佛者，众僧以铜罂盛水渍其茎，欲华不萎。"除铜罂内置莲花，还有宝瓶插花，莲花与长颈瓶的组合成为已知最早的较为典型的清供形象。

江南可采莲
莲叶何田田

南北朝

一曲曲清新秀丽的诗歌把江南水乡荷花盛开的美景描写的如诗如画

《逸周书》和《诗经》中
食莲赏莲的记载

　　《逸周书》载："薮泽已竭，既莲掘藕。"《诗经》曰："山有扶苏，隰有荷华。""彼泽之陂，有蒲与荷。"说明食莲赏莲早已是祖先们夏日的保留节目。

　　江南可采莲，莲叶何田田。鱼戏莲叶间，鱼戏莲叶东，鱼戏莲叶西，鱼戏莲叶南，鱼戏莲叶北。（汉乐府《江南》）

　　青荷盖绿水，芙蓉披红鲜。下有并根藕，上生并头莲。（南北朝乐府民歌《清商曲辞·青阳渡》）

　　采莲南塘秋，莲花过人头。低头弄莲子，莲子清如水。置莲怀袖中，莲心彻底红。（南北朝《西洲曲》）

南朝
瓯窑青瓷莲瓣纹四系罐
高12.1厘米 腹围12.3厘米 底径9.4厘米
浙江省博物馆藏

青瓷莲花罐是南北朝时期的典型器物，一般分大小两种类型，大莲花罐一般称作莲花尊，通常高五六十厘米，最高的达八十余厘米，通体满布浮雕莲瓣纹和菩提叶纹；小型莲花罐高约二三十厘米，装饰通常较为简单，仅在腹部装饰高浮雕莲瓣纹，在盖面和腹部刻划莲瓣纹。（江屿）

南朝

越窑青瓷莲瓣纹唾壶

高15.6厘米 腹围16厘米 口径12厘米

底径12.3厘米

浙江省博物馆藏

唾壶又称"唾盂""渣斗",为古代贵族宴饮时盛放唾弃
鱼骨或兽骨的容器。瓷质唾壶始自东汉,三国、两晋时
颇为流行,以后历代各窑口均有烧造。(江屿)

南朝

瓯窑青瓷莲瓣纹罂

高26.3厘米 腹围17.2厘米 底径10厘米

1964年浙江瑞安云江社区龟门山出土

浙江省博物馆藏

罂,俗称"盘口壶",为汉以后流行的器式。佛教自西汉
末年传入中国,历经汉、魏晋的流传,在南北朝得到大力
传播,佛教艺术也因此融入了社会生活。佛教中莲花与佛
教义理相容,人们欣赏莲花,更向往佛教所宣示的无争平
和的境界,因此莲瓣纹在这个时候盛行一时。(江屿)

南朝

越窑青瓷莲瓣纹龙柄鸡首壶

通高34厘米

浙江省博物馆藏

鸡首壶是六朝青瓷的典型器。南朝士族门阀崇尚"秀骨清象"，此时期的鸡首壶也呈现器型修长、鸡首高耸的姿态，柄多做成龙首形，肩腹部多刻划莲瓣纹。（江屿）

刻划莲纹

南朝时期的青瓷碗、盘内壁流行莲瓣纹装饰，莲瓣数目多少不一，自五瓣至十瓣均有，多以细线刻划出复莲纹，有的甚至刻划出莲蓬纹，使得整器犹如一朵盛开的莲花，在青绿莹亮的釉层中若隐若现，精妙无比。

南朝
瓯窑青瓷莲瓣纹盘
高2.9厘米 口径13.4厘米
浙江瑞安市芦蒲水库南朝齐天监元年
（502）墓出土
浙江省博物馆藏

南朝
瓯窑青瓷点彩莲瓣纹盘
高2.8厘米 口径13.2厘米 底径6.3厘米
浙江瑞安市芦蒲水库南朝齐天监元年
（502）墓出土
浙江省博物馆藏

南朝 越窑青瓷莲瓣纹盘
高4.9厘米 口径29.6厘米 底径11.2厘米
浙江省博物馆藏

南朝
瓯窑青瓷莲瓣纹碗
高4.5厘米 口径10厘米 底径4.5厘米
浙江省博物馆藏

南朝
瓯窑青瓷褐彩莲瓣纹碗
高5.4厘米 口径11.5厘米 底径5厘米
浙江省博物馆藏

南朝
越窑青瓷莲瓣纹碗
高9厘米 口径15厘米 底径7.5厘米
浙江省博物馆藏

唐五代时期，杭州快速发展，也孕育了各式园林。在西湖传统园林中，荷景成为很重要的景观，有"绕郭荷花三十里，拂城松树一千株"的景致。五代吴越王钱镠立国东南，建都杭州，以"保境安民""善事中原"为国策。吴越国三世五王近百年间，寺塔之盛，倍于九国。一时之间"杭之俗，佛于钱氏结庐遍人境"，杭城以"东南佛国"之名远播华夏。

在佛教教义中，莲花为佛家圣花，是生命与光明的象征，寓意清净的功德和清凉的智慧，故佛国净土世界使用大量莲花作为装饰。佛家经典，禅宗公案，常见荷花身影。佛教的盛行与荷花的大规模种植形成了合力之势，并最终推动了荷文化的进一步发展，除了佛教艺术造像，在雕塑、建筑、绘画以及铜镜、石刻等工艺形式中也常见莲荷装饰。

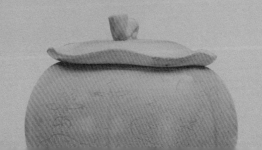

绕郭荷花三十里
拂城松树一千株

唐／五代

五代南唐 周文矩 荷亭奕钓仕女图
台北故宫博物院藏

白居易与杭州西湖

　　唐代的杭州，尚不繁华，常有灾害。彼时西湖名叫钱塘湖，水面比如今大了一倍左右，是泥沙沉淀造成的内湖。春秋晴日风景秀丽，可到了有风有雨的季节，常常湖水泛滥成灾，天旱时节，又会干涸。湖畔之苗饱受旱涝之苦。外放至杭州任刺史的白居易看着处在半荒芜状态的西湖，下定决心治水。他力排众议，疏通西湖，修筑湖堤，调节旱涝，从此西湖水害减轻。因白居易最钟情本地特产白莲花，于是在湖区种植杨柳、荷花。据考证，目前见到最早写杭州西湖的荷花诗，即是白居易主政杭州时写的两首。

余杭形胜

余杭形胜四方无，州傍青山县枕湖。
绕郭荷花三十里，拂城松树一千株。
梦儿亭古传名谢，教妓楼新道姓苏。
独有使君年太老，风光不称白髭须。

西湖留别

征途行色惨风烟，祖帐离声咽管弦。
翠黛不须留五马，皇恩只许住三年。
绿藤阴下铺歌席，红藕花中泊妓船。
处处回头尽堪恋，就中难别是湖边。

何处忽生新佛子，芙蓉又见一枝开

莲花题材常见于佛教中的各式香炉，有的以莲瓣纹装饰炉身，谓莲花炉；有的以莲蕾或莲花为出烟孔道，谓莲花出香。莲花炉始于南北朝时期的博山炉，莲花出香主要见于金属多足炉及座炉。

五代
越窑青瓷杯式炉
高8.5厘米 口径11.3厘米 底径6.2厘米
浙江杭州清波门外宋墓出土
浙江省博物馆藏

炉敞口，造型如杯，外壁刻划莲瓣纹，似一朵盛开的莲花。江苏苏州虎丘云岩寺塔出土的此类陶杯式炉，炉中竖檀香木一支；浙江宁波南宋天封塔地宫出土的此类形制银炉，炉身外刻："……法明净日舍香炉壹只入天封塔地宫……"据此可推测此类形制的"杯"，应为杯式炉。（江屿）

吴越国莲座

五代吴越国是10世纪我国境内佛教遗迹分布最为集中的地区，佛教造像艺术亦随着佛教的鼎盛而臻于成熟，杭州雷峰塔和金华万佛塔出土的造像成为这一时期的代表，这些造像中最具特色的是莲座和背光，其中莲座为束腰仰覆式，仰莲叶宽大饱满，具有较强的写实性，覆莲叶多为宝装，是晚唐五代的流行样式。

唐
佛说阿弥陀经 变相图
纵29厘米 横45.5厘米
1956年浙江龙泉金沙寺华严塔出土
浙江省博物馆藏

写本，卷轴装。经卷残本分上下两部分：下为《佛说阿弥陀经》中的一段经文，上为依据经文所绘的彩绘变相图。图中有三供养人居左，阿弥陀佛、观音菩萨、大势至菩萨居右，天花祥云散落虚空，表现的是俗世供养人来到极乐净土，持花礼敬阿弥陀佛的情景。画面中央绘天宫楼阁，楼阁下有七宝池，中有四朵莲花。据《佛说阿弥陀经》所载："池中莲华，大如车轮，青色青光，黄色黄光，赤色赤光，白色白光，微妙香洁。"（魏祝挺）

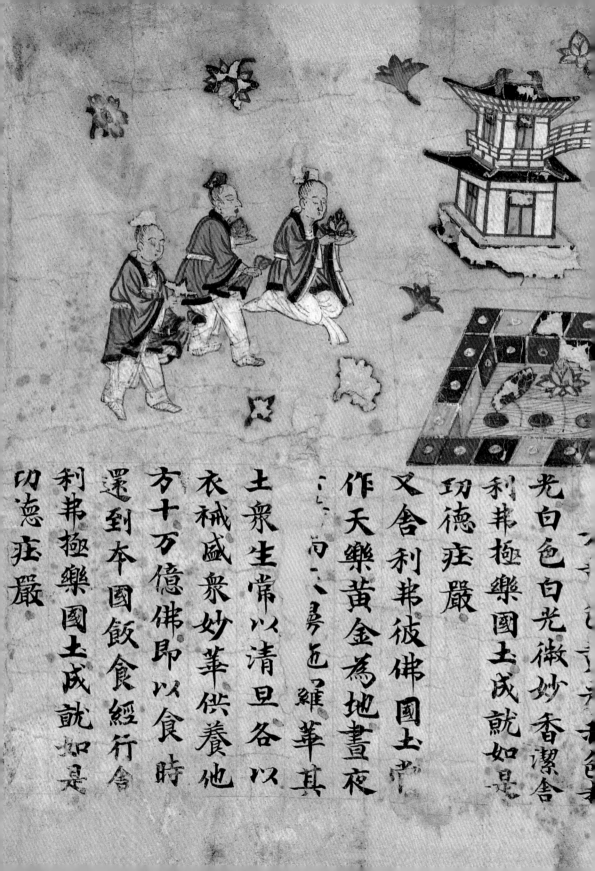

功德莊嚴

利弗極樂國土成就如是

光白色白光微妙香潔舍

又舍利弗彼佛國土常

作天樂黃金為地晝夜

□□□□□□羅華其

土眾生常以清旦各以

衣祴盛眾妙華供養他

方十萬億佛即以食時

還到本國飯食經行舍

利弗極樂國土成就如是

功德莊嚴

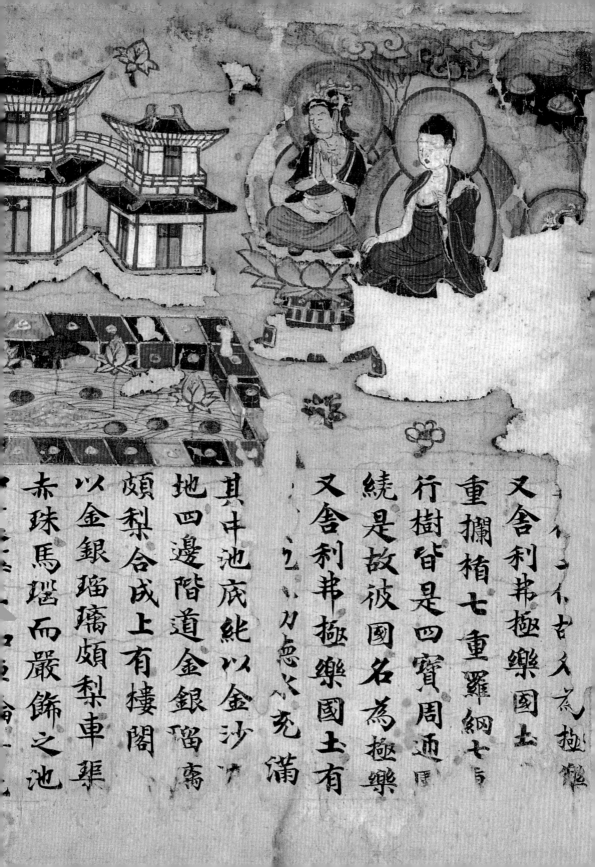

又舍利弗極樂國土
重欄楯七重羅網七重
行樹皆是四寶周匝圍
繞是故彼國名為極樂
又舍利弗極樂國土有
⋯⋯⋯⋯⋯⋯充滿
其中池底純以金沙
地四邊階道金銀瑠璃
頗梨合成上有樓閣
以金銀瑠璃頗梨車𤦲
赤珠馬瑙而嚴飾之池

五代吴越国
铜释迦龙座像

通高68厘米

2001年浙江杭州雷峰塔出土

浙江省博物馆藏

造像螺发高髻，身穿双领下垂袈裟，左手抚膝，右手施说法印，结跏趺坐于仰莲台上。仰莲由硕大的双层莲瓣组成，颇为写实。莲台下有盘龙柱、双层须弥座和单层方床。像身后施镂空火焰纹大背光，头光为圆轮状。该像的龙座部分和佛像莲台部分为后期拼接而成，并非铸造之初的组合。（魏祝挺）

五代吴越国
铜观音像
通高22厘米
1957年浙江金华万佛塔出土
浙江省博物馆藏

观音头戴花冠，冠饰化佛，束高髻，面相
长圆。颈饰项圈，胸挂璎珞，身穿天衣，
下体着裙。左臂屈肘，右手置膝，结珈跌
坐于束腰仰覆莲座上。仰莲的莲瓣宽大饱
满，十分写实。束腰饰有球形饰，覆莲的
莲瓣为宝装式。莲座上刻题记："弟子徐
仁岳吴充珠共造永充供养。"（魏祝挺）

五代吴越国

铜释迦佛像

通高25厘米

1957年浙江金华万佛塔出土

浙江省博物馆藏

造像肉髻低平，螺发，身穿袒右肩袈裟，施说法印，结跏趺坐于束腰仰覆莲座上。仰覆莲的双层莲瓣宽大饱满，覆莲的莲瓣为宝装式，下有三级叠涩。背光整体呈葫芦形，外缘饰镂空火焰纹，内侧饰镂空枝蔓缠绕的花朵。（魏祝挺）

五代吴越国
铜观音像
通高29.2厘米
1957年浙江金华万佛塔出土
浙江省博物馆藏

观音头戴花冠，冠饰化佛，束高髻，面相长
圆。颈饰项圈，胸挂璎珞，身穿天衣。右手置
于胸前，左手置左膝上，结跏趺坐于束腰仰覆
莲座上。仰莲的莲瓣为双层，宽大饱满，覆莲
的莲瓣为宝装形式，下有三级叠涩。背光整体
呈葫芦形，外缘饰火焰纹，内侧饰镂空枝蔓缠
绕的花朵。（魏祝挺）

五代吴越国
铜释迦佛像
通高18.3厘米
1957年浙江金华万佛塔出土
浙江省博物馆藏

造像肉髻螺发，面相丰圆，穿双领下垂式袈
裟，内着僧祇支。左手抚膝，右手上举施说
法印，结跏趺坐于束腰仰覆莲座上。仰莲的
莲瓣双层，宽大饱满，覆莲的莲瓣为宝装形
式，下铸圆形台座。像后有火焰纹镂空背
光。（魏祝挺）

五代吴越国
铜菩萨像
通高24.5厘米
1957年浙江金华万佛塔出土
浙江省博物馆藏

五代吴越国
铜菩萨像
通高22.3厘米
1957年浙江金华万佛塔出土
浙江省博物馆藏

菩萨头戴花冠，高髻，面相丰圆。颈饰项圈，胸挂璎珞，身穿天衣。右手置于胸前，左手置左膝上，结跏趺坐于束腰仰覆莲座上。莲座的仰莲瓣为双层，宽大饱满，覆莲的莲瓣为宝装形式，下有两级叠涩。背光整体呈葫芦形，外缘饰镂空火焰纹，内侧饰镂空枝蔓缠绕的花朵。（魏祝挺）

荷叶盏

　　相较于六朝时期，唐代器具上的莲花装饰更为普遍，除了简单抽象的莲瓣装饰外，还出现了写实的荷花图案。作为瓷器的主题纹饰，沿袭了南朝图案化的刻划风格，还出现了以立体的荷花呈现器物的装饰方式。

　　唐五代时期，随着饮茶之风的兴盛，茶成为国饮，从宫廷、寺院至寻常百姓家，饮茶成为一种日常生活的常态。唐代诗人孟郊在《凭周况先辈于朝贤乞茶》诗中有："蒙茗玉花尽，越瓯荷叶空。"可以看出荷叶形是一种较为常见的茶碗造型。

五代
越窑青瓷刻莲瓣纹盏托
高7.1厘米　托座口径4.4厘米　足径7.1厘米
上虞博物馆藏

唐
越窑青瓷荷花形托盏

通高6.6厘米 口径11.8厘米 底径6.6厘米
1975年浙江宁波和义路遗址唐大中二年（848）
纪年墓出土
宁波博物院藏

托盏由茶盏和盏托配套组合而成。造型犹如一朵盛开的莲花，盏托仿荷叶形，边缘四等分向上翻卷，形成风吹叶卷的动感；盏口沿作五瓣花口形，外壁压印五条内凹棱线，形成五个花瓣的界线效果。盏托中心内凹，上承茶盏，浑然一体，如荷叶承载着荷花在水中荡漾。托盏光素无纹，釉色青翠、莹润如玉，釉面亮洁均匀，造型设计巧妙，制作精巧。（宁波博物院）

五代
莲瓣纹银盏托

高6.5厘米 盘径14.5厘米 底径9.3厘米
1957年浙江杭州西湖出水
浙江省博物馆藏

盏托呈覆斗状，喇叭形，中部出沿呈花口盘形，花口形圈足，略高。盏托上半部作一凸起的仰莲，莲瓣叠垂，露出莲心，可见粒粒莲子。（江屿）

碧筩杯

　　唐代荷叶形酒具亦风靡一时，这与当时流行的一种喝酒方式有关。据《酉阳杂俎》记载，三国魏正始年间，魏国名士郑悫开创了以荷叶为大酒杯的做法——夏天宴请宾客时，将大荷叶连叶带茎一同采下，并在其中装三升米酒，再用簪子刺破荷叶的蒂心，形成一个与长茎相通的孔洞，再将茎向上拉起，巧妙地利用荷叶茎内的空腔，形成天然的吸管，饮者通过叶茎的一端，将荷叶内的米酒吸入口中，酒香混合了荷的清香，是夏日极为风雅的喝酒方式。

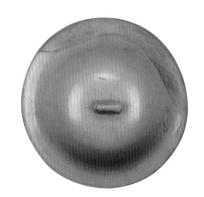

五代
越窑青瓷荷叶形盖
高9.7厘米　口径22.6厘米
浙江省博物馆藏

盖呈覆钵形，似一张荷叶，盖顶饰一叶茎状钮，盖面以线刻荷叶茎脉，作六等分。（江屿）

唐 莲瓣形素面银碟

高5.2厘米 口径15.2厘米 底径8.2厘米
1982年江苏镇江丁卯桥唐代窖藏出土
镇江博物馆藏

银碟器身呈五瓣莲叶形，平底，圈足。器身与圈足分别锤打后焊接而成。
在丁卯桥唐代窖藏出土的九百余件银器中，除了少部分器皿上錾刻奢华的纹
样，大部分通体素面，造型有碟、高足杯、碗、盒、茶托等。中国古代金银
器皿的制作在唐代得以兴盛，成为了金属工艺最高水准的代表。此件莲瓣形
素面银碟，虽然没有繁缛的装饰，但立体的荷花造型却使它多了一丝灵动，
传递出荷花带来的美好与吉祥。（蓝旻虹）

唐
越窑青瓷荷叶纹碗
高4.4厘米 口径14.7厘米 底径6.1厘米
宁波博物院藏

敞口、翻沿，弧腹向下内敛，浅圈足。碗内壁
划饰三朵写意的荷叶。通体施青黄釉，釉色光
亮细腻。碗外壁有少数棕眼。

唐代越窑的制瓷业生产进入繁盛状态，青瓷造
型稳重，釉色滋润典雅，装饰技法新颖多变，
花纹多样，构图美观。这一时期的装饰技法有
划花、印花、堆塑、褐色彩绘、镂雕以及金银
饰等，花纹有荷花、荷叶、鱼纹、葵花、云
纹、龙纹等。（宁波博物院）

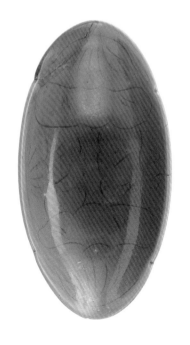

唐
越窑青瓷荷叶纹海棠式杯
通高4.4厘米 口径长15.7厘米
口径宽8.4厘米 底径5.2厘米
浙江宁波和义路遗址出土
宁波博物院藏

杯口呈椭圆的海棠形，弧腹，圈足。内壁两侧及
两头分别刻划写意荷叶四朵，笔法简练，线条流
畅柔和，富有生气。釉色青翠晶莹。出土时与唐
"大中二年"铭文碗（残）同在，是晚唐出现的新
品种。这种海棠式造型，大者为碗，小者为杯。
（宁波博物院）

唐

莲花纹铜镜

直径21.5厘米

浙江省博物馆藏

圆钮，钮座花瓣形，镜缘八瓣花式。镜背饰两种莲花纹共八朵，一种为六瓣式的莲花
纹，一种为旋转式六瓣花纹。莲花纹镜在唐代瑞花镜中具有宗教色彩。（魏祝挺）

唐
荷花鸟纹铜镜
直径18.8厘米
浙江省博物馆藏

镜为八出葵花形，圆钮，双鸾夹钮相对，脚踏花枝。钮上部荷花一枝，
一鸟啄莲子。钮下部荷花一枝，莲蓬上饰鸳鸯一对。镜缘四花四鸟相间
环列。（江屿）

唐
长沙窑青瓷荷花纹执壶
高21.8厘米 口径10.9厘米 底径12.9厘米
杭州博物馆藏

肩部一侧有圆形短流，另一侧口沿至肩部贴塑双
股柄。器外壁施青釉，壶身外壁流以下绘褐彩荷
花纹。底部无釉。（杭州博物馆）

唐 越窑青瓷莲荷纹粉盒
高6.2厘米 直径15.9厘米 盖子口径14厘米
上虞博物馆藏

唐 越窑青瓷荷花纹穿带壶
高22厘米 口径4.1×3厘米 底径8.9厘米
浙江省博物馆藏

穿带壶,又名背水壶,因壶两侧有穿系绳带的钮耳得
名。其设计灵感来自北方游牧民族的皮囊壶——一种
便于随身携带的储水或储酒器皿。此器造型为仿皮囊
式,上扁下鼓,壶颈短细,腹部细线刻划荷花纹饰,
写意传神,是江南水乡风景与西北游牧民族风格相融
合的艺术品。(江屿)

五代
瓯窑青瓷莲花纹小罐
高8.4厘米 口径4厘米 足径5.7厘米
杭州博物馆藏

罐外壁肩部及腹部均刻覆莲纹。通体施青釉，足部无釉，露灰色胎。（杭州博物馆）

五代 越窑青瓷莲瓣纹圈足罐

高7.5厘米 口径5.9厘米 足径6.2厘米 腹径11厘米

上虞博物馆藏

罐外壁雕饰三层叠压的莲瓣纹，叶片肥厚饱满，结
合罐身圆鼓的造型，整器酷似一朵含苞待放的莲
花。生动的纹饰与青绿的釉色相映成趣，体现出制
造者奇巧的构思。（江屿）

五代 越窑青瓷鸳鸯形砚滴

高11.5厘米 长16.5厘米

浙江上虞下管镇同郭村出土

上虞博物馆藏

砚滴呈鸳鸯造型，张口鸣叫的喙为砚滴
的出水口，背上的海棠形孔为注水孔。
羽翎刻画清晰生动，釉色青翠。鸳鸯为
水鸟，常与荷花图案共同出现，以鸳鸯
形作砚滴研墨添水，既是夫妻恩爱同心
的象征，又具文人雅趣。（江屿）

五代越窑青瓷因吴越国的推动而臻于鼎盛。不仅胎美釉洁，造型和纹饰也是匠心独具，器盖造型仿荷叶，腹部为细线刻划的莲池鸳鸯，刻划逼真，生机盎然。（江屿）

五代
越窑青瓷鸳鸯纹盖罐
通高11.7厘米 口径7.3厘米 底径6.9厘米
浙江省博物馆藏

北宋时期，荷花已在西湖广泛分布，有"三秋桂子，十里荷花"之美。经元祐年间（1086—1094）的疏浚工程后，西湖中荷花盛开，与新修的苏堤妙相承合，有一种人工和天然相照应的美，显示出清秀绰约的风姿。1138年，南宋定都杭州，西湖是重要的都城景点，吸引八方来客，天然的、人工培植的荷花，格外繁茂。荷景成为宫廷、宅院的重要园林景观，赏荷成为潮流，并形成了六月荷花节的传统。杨万里笔下"西湖旧属野人家，今属天家不属他。水月亭前且杨柳，集芳园下尽荷花"，写出了西湖十里锦绣、荷花摇曳的荷塘盛景。

宋代大儒周敦颐，以名篇《爱莲说》，赞赏莲花为花中君子，将荷花意象与文人修为紧密结合，荷花的深刻人文内涵被从此定格。荷花成为君子之花、文人"比德"之物。文人墨客写荷、赞荷、咏荷、画荷，留下了浩如烟海、汗牛充栋的诗书画文，形成了源远流长、内涵丰富的荷文化系列。

接天莲叶无穷碧

映日荷花别样红

宋

宋 冯大有 太液荷风图
台北故宫博物院藏

宋代的赏荷风尚

据《武林旧事》记载，"四月孟夏芙蓉池赏新荷""六月季夏芙蓉池赏荷花""七月孟秋西湖荷花泛舟"。禁中纳凉，"池中红白菡萏万柄，盖园丁以瓦盎别种，分列水底，时易新者，庶几美观"。可见，当时观赏荷花已经是一种风尚了。

南宋皇家园林聚景园里，就有了群植的荷花。《南宋古迹考》记载："有清波门外聚景园，旧名西园……盛夏芙蓉弥望。"聚景园，是当时宋孝宗最爱逛的园子，也就是现在柳浪闻莺公园的所在地。在德寿宫里，有"射厅"，专门是观赏荷花的风景建筑。南宋时期凤凰山下皇宫中有一大池，十多亩，人称小西湖，夏秋之间，荷花盛开，凉爽至极。

望海潮

柳永

江南形胜，三吴都会，钱塘自古繁华。
烟柳画桥，风帘翠幕，参差十万人家。
云树绕堤沙，怒涛卷霜雪，天堑无涯。
　市列珠玑，户盈罗绮，竞豪奢。

重湖叠巘清嘉。有三秋桂子，十里荷花。
羌管弄晴，菱歌泛夜，嬉嬉钓叟莲娃。
千骑拥高牙。乘醉听箫鼓，吟赏烟霞。
　异日图将好景，归去凤池夸。

晓出净慈寺送林子方　其二

杨万里

毕竟西湖六月中，风光不与四时同。
接天莲叶无穷碧，映日荷花别样红。

苏轼与杭州西湖

　　北宋元祐四年（1089），52岁的苏轼任龙图阁学士知杭州，看到这里一片荒芜，前朝繁华不再，西湖淤塞，影响了城市功能和人民生活，他上书请求重新打造西湖。这项工程，动用20万民工疏浚西湖，堆筑长堤，使西湖还原了本身的清秀面貌。后人为纪念他，将这条长堤称为"苏堤"。

宋 马麟 荷香清夏图（局部）
辽宁省博物馆藏

六月二十七日望湖楼醉书

苏轼

放生鱼鳖逐人来，无主荷花到处开。
水枕能令山俯仰，风船解与月徘徊。

夜泛西湖五绝（其一）

苏轼

菰蒲无边水茫茫，荷花夜开风露香。
渐见灯明出远寺，更待月黑看湖光。

江城子·湖上与张先同赋时闻弹筝

苏轼

凤凰山下雨初晴，水风清，晚霞明。
一朵芙蕖，开过尚盈盈。
何处飞来双白鹭，如有意，慕娉婷。
忽闻江上弄哀筝，苦含情，遣谁听！
烟敛云收，依约是湘灵。
欲待曲终寻问取，人不见，数峰青。

莲荷清赏

　　始于魏晋南北朝，盛于唐五代的莲荷清供到了宋代有了更大的发展，既承古风，又含宋人清远之趣。除作为佛教礼仪中的固定程序外，也成为文人高士案头清赏的对象，反映了文人雅士对风雅生活的追求。插花之器以瓶为主，也包括碗、盘、缸、篮等，材质以瓷居多。

左图（上、中、下）

宋　佚名
《桐荫玩月图》中的荷花盆景
故宫博物院藏

宋　陆信忠
《十六罗汉图》中的荷花
日本相国寺藏

宋　李公麟（传）
《维摩演教图》中的荷花
故宫博物院藏

右图（上、中、下）

北宋　《彩塑泥观音像》中的莲座
1965年温州白象塔出土
浙江省博物馆藏

南宋　《铜阿弥陀佛像》中的莲座
1960年丽水碧湖宋塔出土
浙江省博物馆藏

北宋　《石阿弥陀佛像》中的莲座
1957年金华万佛塔出土
浙江省博物馆藏

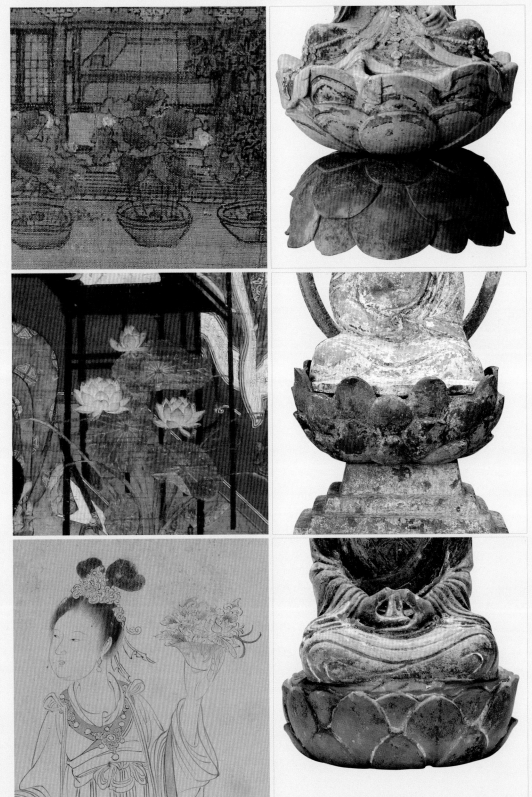

北宋
彩塑泥观音像
通高65厘米
1965年浙江温州白象塔出土
浙江省博物馆藏

观音女相，戴高髻花冠，冠饰化佛，面庞丰
圆，眉眼细长。身穿绿色僧祇支，外披粉色广
袖上衣，下系红罗裙，饰项圈、璎珞，服饰已
经基本中国化。左手置膝，右手当胸，结跏趺
坐于仰覆莲台上。仰莲的莲瓣二层，覆莲的莲
瓣为三层，均硕大饱满，十分写实。（魏祝挺）

北宋
石阿弥陀佛像
通高38厘米
1957年浙江金华万佛塔出土
浙江省博物馆藏

红砂石圆雕，贴金彩绘，多已剥落。造像肉髻
低平，螺发，长脸大耳，眉间有白毫。披双领
下垂式袈裟，内着僧祇支，双手于腹前交叠，
作中品上生印，结跏趺坐于仰莲座上，背光缺
失。仰莲的莲瓣为三层，硕大饱满，原涂有朱
色。（魏祝挺）

南宋
铜阿弥陀佛像
通高43厘米
1960年浙江丽水碧湖宋塔出土
浙江省博物馆藏

造像肉髻低平，面相方圆。身穿右袒式袈裟，
衣角搭右肩。双手于腹前交叠，作中品上生
印。结跏趺坐于仰莲台上，仰莲的莲瓣二层，
硕大饱满，下承方形三层叠涩须弥座，座下有
圭角。椭圆轮状背光。造像身后刻题记："南
山资圣僧净止造模绍熙癸丑（1193）记祝兴
铸。"（魏祝挺）

北宋
婺州窑青瓷尊式炉
高12厘米 口径13厘米 底径8.5厘米
浙江省博物馆藏

炉身呈圆筒形，折沿平唇，高圈足。上腹细线刻划卷云纹和鹦鹉纹，下腹用高浮
雕和阴线细刻三层莲瓣纹。莲瓣上局部有天青色乳浊状晶体，系婺州窑产品上常
见的窑变现象。

在高足杯式炉身装饰莲瓣，始于唐代。莲花寓意清净的功德和清凉的智慧，使烦
恼得以解脱，是生命与光明的象征，故佛家想象中的佛国净土世界中大量使用莲
花作为装饰。杯式莲花炉，其用途应与礼佛有关。（江屿）

北宋
越窑青瓷莲瓣纹盖罐
高9.8厘米
上虞博物馆藏

北宋
婺州窑青瓷莲花镂孔炉
高9.4厘米 口径6厘米 底径8.6厘米
浙江省博物馆藏

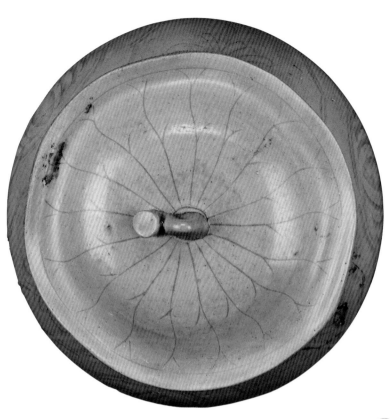

北宋
越窑青瓷荷叶盖罐
高12厘米 口径6.5厘米 底径7.7厘米
浙江省博物馆藏

北宋

龙泉窑青瓷莲瓣纹五管盖瓶

高35厘米 口径4.3厘米 腹径15.6厘米

浙江省博物馆藏

五管瓶又称多管瓶、五端壶，因瓶肩部各面分布着直立的多棱形或圆形管而得名，是龙泉窑初创时期特有的器物类型。它往往与另一类塔瓶配双成对，是一种当时葬俗所用的随葬品。这件施淡青釉的盖瓶，是北宋早期龙泉窑的代表作。全器仿生造型，器盖雕饰成含苞欲放的覆莲花，肩部刻饰仰莲纹，肩腹部堆饰波浪纹并间以五个荷茎状花口管，腹部刻划多重覆莲瓣，造型端庄挺秀。正应和了周敦颐《爱莲说》中的描述。（江屿）

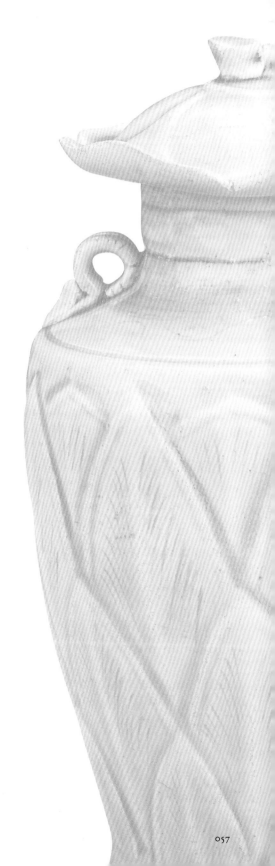

北宋
龙泉窑青瓷莲瓣纹盖瓶
高22厘米 口径3.5厘米 底径8.8厘米
浙江省博物馆藏

盖瓶胎质细腻，釉色清雅，重瓣仰莲纹的刻
划和荷叶形器盖的设计，相辅相成，生动逼
真，代表了五代末北宋初龙泉窑青瓷在仿生
器物设计上的高超水平。（江屿）

北宋 越窑青瓷莲花纹粉盒盖

高3厘米 口径9厘米 底径3.7厘米

浙江省博物馆藏

盒盖形状扁圆，盖面较平，以浅浮雕刻划莲蓬和莲瓣的组合图案，如一朵盛开的莲花。（江屿）

北宋 越窑青瓷三联盒

高5.8厘米

上虞博物馆藏

盒由三个瓜形小盒组成，子母口，平底。三小盒盖上各贴塑一瓜钮，间以荷叶、莲蓬相连装饰。造型新颖，纹饰逼真，釉色青绿。（江屿）

北宋 越窑青瓷莲瓣纹粉盒

高7厘米 口径7.7厘米

浙江省博物馆藏

器型扁圆，子母口。盖面刻印莲花纹饰，线条
流畅简洁，具有极强的立体感。（江屿）

宋 鎏金单瓣莲花银盏 镇江博物馆藏

宋 复瓣莲花银盏 镇江博物馆藏

宋 金银器酒瓮上的荷叶盖

器用之荷

宋人爱花，所用之物常与花事相连，器物的造型和纹饰多取意于花卉。江南地区夏日以荷景最盛，荷叶、荷花自是入诗、入画、入器，文房雅玩、家具陈设、茶酒香事，均与荷花结缘，用赏之余，妙趣横生。取式于荷叶、荷花制成象生杯盏，或附以荷花做纹饰的茶、酒、香具，在宋代金银及瓷质器具中多见。

南宋
银鎏金荷花盏
高4.5厘米 口径10厘米 底径4.2厘米
1982年江苏溧阳平桥乡小平桥村宋代窖藏出土
镇江博物馆藏

盏敞口，深腹，圈足。通体鎏金，锤打而成。口沿为十二瓣莲花口，腹壁饰三层莲瓣，花瓣上錾刻平行花脉纹，内底心凸刻圆形花蕊，圈足外刻重瓣覆莲。

宋人爱花，不仅仅停留在对花卉的热爱，还表现在日常生活器皿上。该窖藏所出银器27件，多以各种花卉瑞果为造型，如梅花、秋葵、栀子花等。其中以荷花造型最为丰富，可分为单瓣、重瓣、复瓣等。（蓝旻虹）

南宋
龙泉窑青瓷莲花纹碗
高6.1厘米 口径16.5厘米 底径5.5厘米
浙江省博物馆藏

碗内壁刻划盛开的荷花及荷叶，纹饰舒展流畅、清雅飘逸。外壁刻仰莲纹，莲瓣内填篦纹。莲花被佛教奉为圣花，两宋之际，三教合流，出淤泥而不染的莲花，又被儒家奉为高洁品性的象征，这一时期的龙泉窑产品盛行内外壁刻划花，且内壁往往是一种折枝荷花的纹饰题材。（江屿）

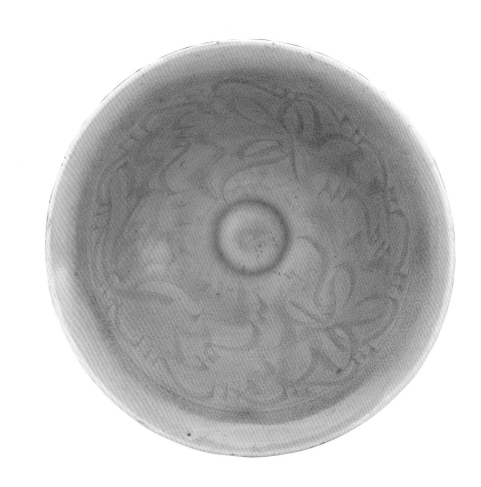

南宋

龙泉窑青瓷莲花纹夹层碗

高5.5厘米 口径13厘米 底径8.2厘米

浙江省博物馆藏

夹层碗又叫孔明碗。碗面作浅盘状，下装腹壁近直的碗形座，底心镂一圆孔，碗底与碗心呈双层夹空，底中心镂孔与空腹相通。盘心刻划折枝莲花，爽利遒劲的刻划，仿佛写意花鸟，将风荷之姿刻划得清雅脱俗，形神俱足。碗外壁刻划仰莲纹。南宋时期是龙泉窑莲瓣纹碗大量生产的时期，这个时期的莲瓣纹碗做工精湛，线条柔和，别有一番韵致。南宋龙泉窑青瓷往往素面朝天，却唯独偏爱莲瓣纹。（江屿）

宋
定窑白瓷荷花双鱼纹碗
高7.4厘米 口径18.3厘米 底径6.2厘米
杭州博物馆藏

外壁素面，内壁满印花装饰。自口沿内
下印回纹一周，内壁主题纹样为繁复的
枝花卉纹，碗内地印水波双鱼纹。内外
皆施白釉，芒口，口沿内外皆刮釉一周
（杭州博物馆）

宋
定窑白瓷荷花纹盘
高4.2厘米 口径18.8厘米 底径5.3厘米
杭州博物馆藏

碗内底机内壁均刻划荷花纹，内外壁皆施
白釉。口沿处刮釉一周，圈足底部无釉，
露灰白色胎。（杭州博物馆）

南宋
景德镇窑青白瓷莲瓣纹油灯
高6.5厘米 口径6.2厘米 底径6厘米
浙江省博物馆藏

灯盘撇口，外印莲瓣纹一周，盘心有一短管，近底部有对穿孔，引灯芯之用。灯座六面角，座底分级上收，座把呈管状，把中心有一扁圆形座台。制作玲珑精巧。通体施青白釉。
（江屿）

景德镇窑青白瓷装饰以刻花、划花和印花为主，兼有镂雕、塑贴。刻、划、印花装饰近于定窑风格，又有自己的特色，简练中具清新活泼之美。装饰题材以花卉、水波、荷莲为多，还有婴戏、芦雁、花鸟、莲塘游鱼以及人物故事等。（江屿）

南宋
景德镇窑青白瓷印莲塘游鱼纹碟
高1.9厘米 口径10.3厘米 底径6.3厘米
浙江省博物馆藏

南宋
凸花鱼藻纹银盘
高1厘米 直径17厘米
1982年江苏溧阳平桥乡小平桥村宋代窖藏出土
镇江博物馆藏

圆形浅盘，折沿，平底。沿上錾刻一周三角形纹饰，腹壁饰莲瓣纹，底心錾刻图案栩栩如生，莲池中心漂浮着一朵巨大的荷叶，荷心上雕刻游龟，四条鲤鱼则围绕荷叶，在荷花盛开的莲池中追逐嬉戏，恰似夏日荷塘盛景。鱼藻纹是宋代文人士大夫阶层喜爱的题材之一，它广泛地出现在绘画以及陶瓷、金银器等产品之上。南宋洪适《生查子》题为"姚母寿席，以龟游莲叶杯酌酒，诗文中写到："碧涧有神龟，千岁游莲叶。七十古来稀，寿母杯频接。"可见宋人以龟游荷叶纹寓意寿吉，鱼则同"余"，象征富足有余。（蓝旻虹）

南宋
龙泉窑青瓷莲花纹鸟食罐
高2.9厘米 口径1.6厘米 底径1.7厘米
浙江省博物馆藏

此鸟食罐呈含苞欲放的莲花形，外壁装饰层叠仰莲纹，施粉青釉，形成"出筋"的现象，由于釉层薄，向下流，莲瓣尖露出胎的火石红色，恰如花瓣尖上的一点红，更显明丽生动。可谓实用与美观的完美结合。（江屿）

南宋
龙泉窑青瓷莲花纹鸟食罐
高3.8厘米　口径2.3厘米　底径2.5厘米
浙江省博物馆藏

宋代花鸟画兴起，想要画出形象生动的花鸟画作，就需要对花朵、禽鸟做近距离的细致观察，为此很多花鸟画家开始在自己的家里养花养鸟，这久而久之也就成了文人士大夫的一种嗜好。在这种士大夫文化的主导下，养鸟成为了当时整个社会的普遍喜好。相传以风雅皇帝著称于世的宋徽宗，也很喜欢养鸟，并由此开启了烧制瓷质鸟食罐的历史。

在目前发现的宋朝瓷器中，龙泉窑、湖田窑、南宋官窑等多个不同的窑口都有瓷质的鸟食罐。这些鸟食罐，不但做工十分精致，而且造型也很优雅，符合当时上流社会的养鸟需要。（江屿）

南宋
龙泉窑青瓷莲花纹鸟食罐
高3.6厘米　口径2.3厘米　底径2.1厘米
浙江省博物馆藏

南宋

景德镇窑青白瓷仰莲纹小盖罐

通高5.2厘米　口径4.8厘米　底径3.6厘米

杭州博物馆藏

带盖，子母口，盖顶部中心隆起，方形钮，钮外刻莲瓣纹一周。罐身斜直腹，近底处内收，圈足。罐身外壁刻莲瓣纹两周，纹饰上下两层分布。盖及罐身外壁皆施青白釉，釉色莹润。（杭州博物馆）

南宋
龙泉窑青瓷莲花纹粉盒
高3厘米 口径11厘米 底径3.7厘米
浙江省博物馆藏

粉盒是贵族仕女存放胭脂、粉黛等化妆用品的器皿。宋代的青瓷粉盒造型丰富，有圆形盒、双联盒、三联盒以及子母盒等多种，有的制成鸟形、兽形、瓜果形，还有的在大盒里面装小盒，造型别致，俊秀灵巧。（江屿）

花中君子

　　水陆草木之花，可爱者甚蕃。晋陶渊明独爱菊。自李唐来，世人甚爱牡丹。予独爱莲之出淤泥而不染，濯清涟而不妖，中通外直，不蔓不枝，香远益清，亭亭净植，可远观而不可亵玩焉。

　　予谓菊，花之隐逸者也；牡丹，花之富贵者也；莲，花之君子者也。噫！菊之爱，陶后鲜有闻；莲之爱，同予者何人？牡丹之爱，宜乎众矣。

——周敦颐《爱莲说》

宋　佚名　荷花图　上海博物馆藏

元　佚名　莲舟新月图（局部）　辽宁省博物馆藏

宋 佚名 出水芙蓉图
故宫博物院藏

宋末杭州城遭到洗劫，元朝统治者鉴于南宋统治者佚乐湖山导致亡国的前车之鉴，对西湖废而不治，以致西湖湮塞，城市萧条。繁华盖世的杭州城，至此大为衰落，西湖荷景逐渐荒芜。

　　明代，在对西湖园林景点的建设上，许多地方官员做出了贡献。经正德、嘉靖、万历三朝的数次修扩建，到了晚明，西湖水域终于重现"种荷花满湖，堤畔柳丝成畦；荒祠废殿，丹青一新""两湖光艳，十里荷香，如入山阴道上，使人应接不暇"的景致。

元/明

白公堤畔烟湖空
四月未尽荷花红

晚明江南地区清供与崇古之风盛行，士大夫醉心于此，失意文人常借物抒怀，"玩物而不丧志"，并大量著书立说以论玩赏之道。荷可观叶、赏花、采食，赏用期几乎与其生命周期等长，而无一可废之处，兼具耳目之赏和物用之实，明人爱莲成癖，著录了许多有关荷花种植、赏玩的文章。

世俗之荷

　　元代开始，莲荷文化呈现出广泛世俗化的特征，荷塘风光、河池水禽、婴戏莲花等富有民间生活气息的图案大量出现。明清时期，经济的繁荣促使人们注重追求物质享受，莲花图案出现在各个阶层的生活中，形式更趋丰富，色彩更加艳丽，在繁琐精细中显示出了浓郁的民俗特色，成为寓意吉祥的典型纹饰。

彩绣婴戏莲纹腰带
河北承德隆化鸽子洞元代窖藏出土

写实的莲花和玩耍的孩童图案共同构成了
妙趣横生，寓意吉祥的画面感。

元

鸳鸯卧莲形白玉炉盖

通高4厘米 纵3.4厘米 横5.3厘米

浙江省博物馆藏

白玉，留黄色玉皮。鸳鸯翘首，口衔莲枝，缩颈卧伏于莲叶之上、莲花与莲蓬之中，羽冠较长，凤眼，以密集细线刻划出上翘的羽翅，姿态生动。鸳鸯左右两侧分别琢刻绽放的莲花与精巧的莲蓬，胸前一片枯荷，以黄皮子形态呈现。所卧莲叶呈覆状，边角起伏，并琢双勾线以为叶脉。明《遵生八笺》在玉器分类中对"炉顶"有专门记录，炉顶的纹饰包罗万象，常见龙纹、蟠螭纹、春山秋水纹、荷叶鹭鸶纹、鸳鸯卧莲纹等，形态各异，生意盎然。（汀屿）

两相清雅

元明时期，瓷器上由荷花做主题纹饰的，内容更具情景化和故事化，还有以荷叶或荷花花瓣造型成器，内底中心饰乌龟或莲蓬，极具动态之美。

元代景德镇青花瓷器异军崛起，莲花装饰随之有了新的形式。作为辅助装饰的莲瓣的形状由圆肩变为方肩，装饰在器物肩部或者下腹部，莲瓣内填以如意云头、花卉、杂宝等，俗称"八大码"。

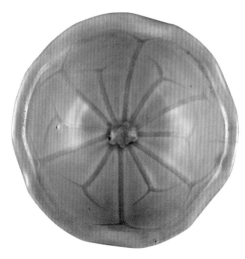

元
龙泉窑青瓷龟心荷叶碗
高4.6厘米 口径11厘米 底径3.5厘米
浙江省博物馆藏

碗内壁刻双线荷叶脉，碗心贴一模印小龟。龟游莲叶，是唐宋元时期十分流行的题材之一，常作为铜镜、瓷器、玉器与金银器的装饰纹样，除寓长寿之意，亦含人们对政治清明的向往。（江屿）

元
龙泉窑青瓷印花执壶
高10厘米　口径3厘米　底径5.4厘米
浙江省博物馆藏

规格小巧，造型似梨，故又称梨形壶。外壁用模印贴花技法装饰的云雷纹、缠枝莲纹和变体莲瓣纹，具有剔地浮雕的效果。这种器物主要用作酒壶，也作文房水注之用。（江屿）

元

龙泉窑青瓷刻花菱口盘

高4厘米 口径25.5厘米 底径13厘米

浙江省博物馆藏

菱口盘为元代龙泉窑创新产品。内底刻划的简笔荷花，则是元代龙泉窑青瓷上的常见纹样。此类器物在外销瓷中多有发现。（江屿）

明

景德镇窑青花莲纹盘

高6.5厘米 口径21.5厘米 底径9厘米

镇江博物馆藏

莲花式盘，浅壁，矮圈足。内外分三层，各十六瓣。盘内两层莲瓣皆模印成内凹外凸花瓣状。花瓣皆用青花勾勒，加饰勾云纹和点纹。盘心饰梵字，周围画如意云纹。外壁上层绘折枝花卉，间书梵文八字。外壁下腹为立体式花瓣，下层莲瓣自尖部绘出花脉纹，显出莲瓣绽放之态。全器宛如一朵盛开的莲花。

此盘为明万历后期官窑停烧后，晚明民窑生产。其原型出自万历官窑产品，功用当为佛前供器。自明宣德开始，梵文就作为装饰性图案附加在瓷器的画面上。万历皇帝崇信佛教，生产了一批带有佛教纹样的器物，并为后世明清官、民窑所仿。（蓝旻虹）

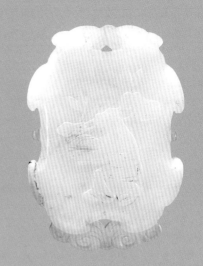

明
花卉人物纹白玉佩
长6.35厘米 宽4.55厘米 厚0.6厘米
杭州博物馆藏

银锭形玉佩饰。玉料呈白色，玉质纯净。玉佩上下两端雕灵芝纹，其内有穿孔，左右两端中间有凸起的圆钮。玉佩一面浮雕一名手捧圆盒的童子，童子头梳总角，穿窄袖上衣、长裤，呈半蹲状。两手捧圆盒，一株莲叶从盒内生出，共开两朵荷花、两片莲叶；玉佩另一面长方形框内有篆书"和合"二字。手捧圆盒、手持荷花的这类童子形象一般表现的是和合二仙，一仙名"拾得"，一仙名"寒山"，二仙寓意婚姻和合，这种图案在明清玉器上比较流行。（杭州博物馆）

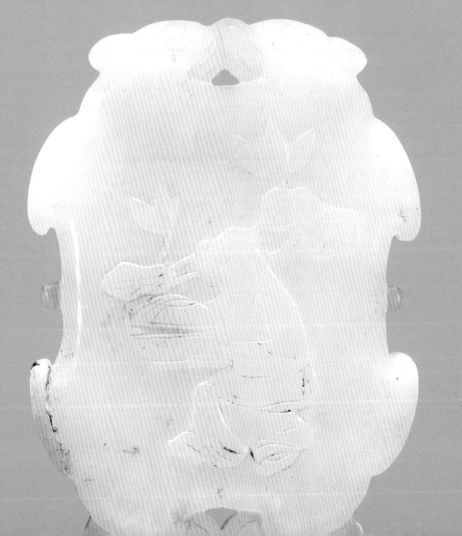

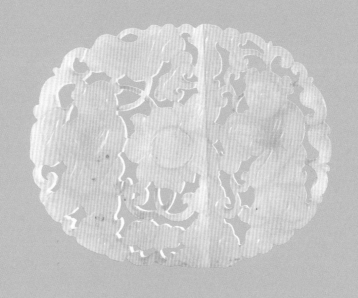

明

和合二仙玉带扣

长7厘米 宽5.5厘米 厚0.4厘米

杭州博物馆藏

人物纹玉带饰。玉料呈青白色，玉质纯净，是将一件圆形玉料对半制成带钩和带扣两片。玉工运用透雕和阴刻技艺描绘和合二仙的形象，带钩的玉片上刻画的童子手持一圆盒，带扣的玉片上的童子手持莲枝，其身后为一片荷叶，两片玉片相合处雕刻一朵盛开的莲花。其余部分透雕缠枝卷草纹和卷云纹。圆盒与荷花谐音"和合"，两位童子的形象为和合二仙，寓意婚姻的美好和合。（杭州博物馆）

杨孟瑛与杭州西湖

明代初期，杭州西湖发生了近五百年来最大的一次淤浅。正德三年（1508），杭州知府杨孟瑛组织了西湖疏浚工程，以湖中葑泥将苏堤增高二丈，加宽至五丈三尺，在堤边种植柳树护堤；另从栖霞岭绕丁家山直至南山，筑起"杨公堤"，使西湖湖面基本上恢复了唐、宋时周围三十里的旧观。田汝成在《西湖游览志余》中称赞道：西湖开浚之绩，古今尤著者，白乐天、苏子瞻、杨温甫三公而已。

小筑看荷花偶成

明 李流芳

白公堤畔烟湖空，四月未尽荷花红。

两湖荡桨无一朵，小筑已见千花丛。

昨日梅雨天多风，风翻雨打花龙钟。

今朝日出方照曜，半晴半阴态愈工。

君不见雷峰倚天似醉翁，

雾树欲睡纷朦胧。

此花嫣然向我笑，怯怯新妆出镜中。

新妆美人正可喜，笑而不来情何已。

且拚一斗酬醉翁，此翁情澹如烟水。

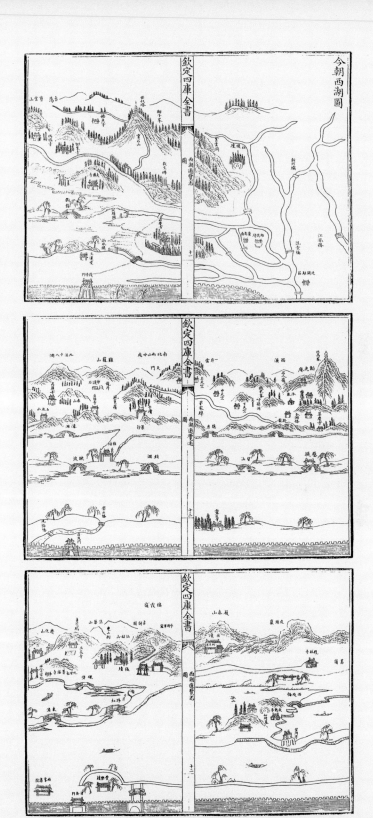

今朝西湖圖

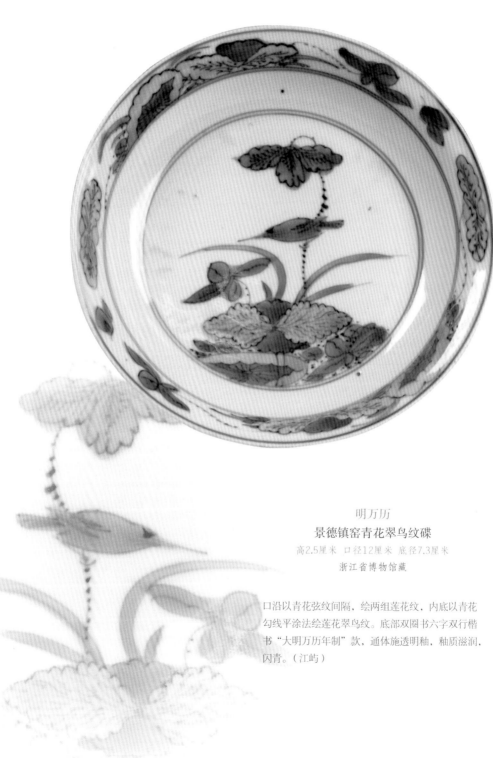

明万历

景德镇窑青花翠鸟纹碟

高2.5厘米 口径12厘米 底径7.3厘米

浙江省博物馆藏

口沿以青花弦纹间隔，绘两组莲花纹，内底以青花
勾线平涂法绘莲花翠鸟纹。底部双圈书六字双行楷
书"大明万历年制"款，通体施透明釉，釉质滋润，
闪青。（江屿）

明崇祯

景德镇窑青花人物纹莲子罐

高16厘米 口径5.3厘米 底径7.1厘米

浙江省博物馆藏

莲子罐是在中国瓷器史上较晚出现的器型，出现于明末，流行于明崇祯朝。因罐体造型为直口、垂肩、长圆形鼓腹、圈足，整体似一颗莲子而得名。莲子罐的出现，是莲文化在瓷器装饰上更趋丰富的体现。（江屿）

养莲习俗

高濂在《遵生八笺》中详细记录了荷花的品种和种植方式，并总结了杭州一年四季共48条幽赏，其中"夏季幽赏"有一条是"乘露剖莲雪藕"。

……插莲以泥塞摘断孔内，先入瓶底，后方加水养之。

莲花六种红白之外，有四面莲，千瓣四花。两花者，名并蒂，总在一蕊发出。有台莲，开花谢后，莲房中复吐花英，亦奇种也。有黄莲。又云以莲子磨去顶上些少，浸靛缸中，明年清明取起种之，花开青色。

盆种荷花：老莲子装入鸡卵壳内，将纸糊好，开孔，与母鸡混众子中同伏，候雏出，取开收起莲子。先以天门冬为末，和羊毛角屑，拌泥安盆底，种莲子在内，勿令水干，则生叶，开花如钱大，可爱。

莲实之味，美在清晨，水气夜浮，斯时正足。若是日出露晞，鲜美已去过半。当夜宿岳王祠侧，湖莲最多。晓剖百房，饱啖足味。藕以出水为佳，色绿为美，旋抱西子一湾，起我中山久渴，快赏旨哉！口之于味何甘哉？况莲德中通外直，藕洁秽不可污，此正幽人素心，能不日茹佳味？

明 陈洪绶 荷花双蝶图

绢本设色
纵63厘米 横24.5厘米
中国美术学院藏

陈洪绶（1599—1652），字章侯，幼名莲子，一
名胥岸，号老莲，浙江诸暨人。此幅绘双蝶荷
花，托君子胸次高怀其中，虽素则华，虽拙胜
巧，雅正古朴又鲜活气象，沉着渊静又空灵萧
散。（谢佳玲）

夏夜观荷

在明代的杭州，夏夜观荷成为人们的雅好。

田汝成在《西湖游览志余》卷二〇说：西湖夏夜观荷最宜，风露舒凉，清香徐细。傍花浅酌，如对美人倩笑款语也。

张岱《陶庵梦忆·西湖七月半记》：吾辈纵舟，酣睡于十里荷花之中，香气拍人，清梦甚惬。

明 朱瞻基 莲浦松荫图（局部） 故宫博物院藏

明 蓝瑛 荷石图 四川博物院藏

明
荷塘清趣鱼子纹歙砚

长24.7厘米 宽14.5厘米 高4.7厘米
浙江省博物馆藏

鱼子纹歙砚，属歙砚名品之一。是以砚石中
均匀分布有密集小黑点，状如鱼子（鱼卵）
而得名。石质泛青而细腻，可呵气成雾。该
砚砚面上刻一荷塘，莲花摇曳，又以砚池拟
莲叶。文人清雅，尽在其中。（张婉泽）

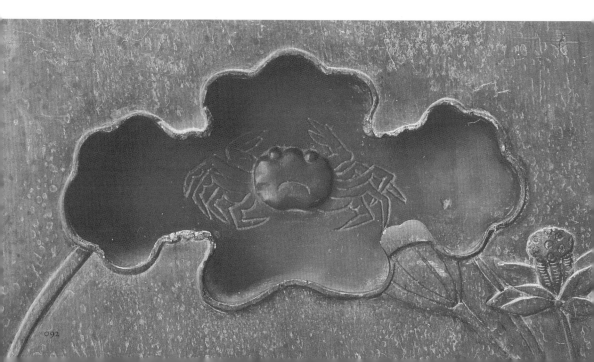

荷花对生长环境有着极强的适应能力，不仅能在大小湖泊、池塘中吐红摇翠，在庭院盆碗中亦能风姿绰约，装点人间。明代是私家庭院赏荷风行的时期，出现了许多有关荷花种植的文章。

《瓶花谱》将能入清供的花卉按照"九品九命"来编排等第次序，莲荷被入"三品七命"，成为明代文人插花常用的花材，并详细记录了莲花的插贮技巧——荷花初折，宜乱发缠根，取泥封窍。

明
龙泉窑青瓷莲花形灯盏
高15.5厘米 口径6.2厘米 底径10厘米
浙江省博物馆藏

全器由三部分组成，上部为小盏，外壁饰贴塑莲瓣，中间为莲叶形浅盘，下为二层方形底座，中空、细柱，外壁盘、底座间隔处饰有贴塑的花朵装饰。全器造型繁复，式样华美。
（江屿）

明

龙泉窑青瓷莲花纹墩碗

高15.7厘米 口径31厘米 底径12.8厘米

浙江省博物馆藏

明

红绿彩夹层碗

高6.4厘米 口径14.5厘米 底径6.5厘米

浙江省博物馆藏

　　到了清代，在康熙南巡前，杭州地方官打算恢复西湖十景，但发现九里松旁的麯院荷风已经无法修复，就选在苏堤跨虹桥西的岳湖里栽植荷花，恢复当年的景观。康熙三十八年（1699），"麯院荷风"在新址获得重建。康熙皇帝游览后，看到红白荷花绵延，提笔改"麯院荷风"为"曲院风荷"。曲院风荷的荷花盛景也影响了清代北京皇家园林的建设。康熙、乾隆南巡后，把江浙文化带到了北方。乾隆在第二次南巡后，按照西湖曲院风荷的布局，在圆明园专门建造了莲荷风情园——曲院风荷。

　　清代的莲荷文化随着吉祥纹样的发展，进一步向世俗方向前行，与莲有关的吉利祥瑞的图形和词语深入人心，祥瑞观念也通过莲花的音、形和意得以外化和传承，成为从宫廷贵族到普罗大众喜闻乐见的文化符号。

湖边不用关门睡
夜夜凉风香满家

清

客来春日未开荷
花事难探趣亦多
闻道明湖香十里
临风如听采莲歌

曲院风荷

陈璨

六月荷花香满湖，
红衣绿扇映清波。
木兰舟上如花女，
采得莲房爱子多。

从"麯院荷风"到"曲院风荷"

曲院风荷是杭州"西湖十景"之一，以夏日赏荷为主旨意趣。景点初成于南宋理宗时期（1224—1264），清康熙年间（1662—1722）经历了一次重要的迁址。今址位于西湖西北隅、苏堤北端。

"曲院"前身为"麯院"，是南宋时期官办的酿酒作坊，位于今杭州市灵隐路洪春桥（唐宋时称"行春桥"）附近，濒临当时的西湖西岸。近岸湖面养殖荷花，每逢夏日，和风徐来，荷香与酒香四处飘逸，久而久之便得名"麯院风荷"（或称"麯院荷风"），至南宋理宗时被列入"西湖十景"。

清 董诰 西湖十景画册 曲院风荷

纸本设色 纵16.3厘米 横32.5厘米

浙江省博物馆藏

董诰（1740—1818），字雅伦，号蔗林，富阳（今
属浙江杭州）人，生于顺天府（今北京）。董邦达
长子。此册封面有"藻耀湖山"签，内写西湖十
景。此页为"曲院风荷"，上题御制诗："客来春日
未开荷，花事难探趣亦多。闻道明湖香十里，临风
如听采莲歌。"（谢佳玲）

李渔说莲

　　予夏季倚此为命者，非故效颦于茂叔而袭成说于前人也，以芙蕖之可人，其事不一而足，请备述之。群葩当令时，只在花开之数日，前此后此皆属过而不问之秋矣。芙蕖则不然，自荷钱出水之日，便为点缀绿波，及其茎叶既生，则又日高一日，日上日妍，有风既作飘摇之态，无风亦呈袅娜之姿，是我于花之未开，先享无穷逸致矣。迨至菡萏成花，娇娇欲滴，后先相继，自夏徂秋，此则在花为分内之事，在人为应得之资者也。及花之既谢，亦可告无罪于主人矣，乃复蒂下生蓬，蓬中结实，亭亭独立，犹似未开之花，与翠叶并擎，不至白露为霜而能事不已。此皆言其可目者也。可鼻，则有荷叶之清香，荷花之异馥；避暑而暑为之退，纳凉而凉逐之生。至其可人之口者，则莲实与藕，皆并列盘餐而互芬齿颊者也。只有霜中败叶，零落难堪，似成弃物矣，乃摘而藏之，又备经年裹物之用。

　　　　　　　　——李渔《闲情偶寄》"种植部·藤本·芙蕖"

为莲著书

　　清康熙年间陈淏子所著《花镜》，阐述了花卉栽培及园林动物养殖的知识，其中卷六"花草类考·荷花睡莲"对当时的荷花品种及种植技术做了总结。

　　清嘉庆年间，杨钟宝创作了我国第一部荷花专著《缸荷谱》，赞荷"茎能辟鼠，藕能辟蟹，叶能治疡疾，房与实足以安胎而变发，岂不大造有于斯世乎！"并将盆栽荷花进行了收集和整理，按照花型、大小、花色及花瓣形状把盆栽荷花分为三十三个品种，这些品种大都分布在我国的南方地区。

二十二品莲花

○ 分香莲，产钓仙池，一岁再结，为莲之最。

○ 四面莲，色红，一蒂千腾如球，四面皆吐黄心。

○ 低光莲，生穿林池，一枝四叶，状如盖。

○ 并头莲，红白俱有，一干两花，能伤别花，宜独。

○ 重台莲，花放后，房中眼内复吐花，无子。

○ 四季莲，像州产，四季开花不绝，冬月尤盛。

○ 朝日莲，红花。亦如葵花之向太阳也。

○ 睡莲，花布叶间，昼开夜缩入水中，次日复起，生南海。

○ 衣钵莲，花盘千叶，蕊分三色，产滇池。

○ 金莲，花不甚大而色深黄，产九疑山涧中。

○ 锦边莲，白花，每熊边上有一绵红晕，或黄晕。

○ 夜舒莲，汉时有一茎四莲，其叶夜舒昼卷。

○ 十丈莲，清源所生，百余尺，耸出峰头。

○ 藕合莲，千叶大花，红色中微带青晕。

○ 碧莲花，千叶丛生，香浓而藕胜。

○ 黄莲花，色淡黄而香甚，其种出永州半山。

○ 品字莲，一蒂三花，开如品字，不能结实。

○ 百子莲，出苏州府学前，其花极大，房生百子。

○ 佛座莲，花有千瓣，皆短而不甚高过房。

○ 千叶莲，生华山顶池内，人服之羽化。

○ 碧台莲，白瓣上有翠点，房内复抽绿叶。

○ 紫荷花，花似辛夷而色紫，亦异种也。

清 朱耷 荷花翠鸟图

纸本墨笔 纵32厘米 横25.8厘米

中国美术学院藏

朱耷（1626—1705），谱名统𨥅，名耷。顺治五年（1648）落发为僧，法名传綮。别号甚多，有刃庵、雪个、个山、驴屋驴、人屋、何园等。康熙二十三年（1684）始号八大山人。明宗室宁献王朱权后裔，封藩南昌，遂为江西南昌人。此幅写荷叶翠鸟，翠鸟低头立于荷梗之上，神情犹然，仿佛有种淡然而又独立不改的情怀，尽管世间纷繁又奈其何，虽宇宙之大亦尽在其胸，咫尺之小却尽得天地间茫茫之境。用笔圆劲而沉厚，用墨明净而温润。名款上钤"八还"印，八还为佛教语，意谓八种变化相，各自还其本所因由处。画上有吴让之"劫灰外物""熙载平生珍赏"二印，与南京博物院藏《梅花》、上海博物馆藏《石榴》等原为一册，皆为吴让之旧藏。（谢佳玲）

清 朱铃 墨荷图轴
纸本墨笔 纵87.5厘米 横36.7厘米
浙江省博物馆藏

朱铃（生卒年不详），字正夫，号
鹿门，仁和（今浙江杭州）人。墨
荷洒脱恣意，野水蒲草间有着"纵
横狂扫世间尘，俯仰岂向人间看"
的气势。（谢佳玲）

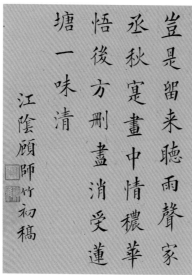

清 李鱓 杂画册 墨笔荷叶
纸本墨笔 纵26.8厘米 横38.3厘米
浙江省博物馆藏

清 黄松 翎毛花卉册
纸本墨笔 纵27.4厘米 横20.2厘米
浙江省博物馆藏

李鱓（1686—1762），字宗扬，号复堂、懊道人、衣白山人等，江苏兴化人。为扬州画派代表画家。此册作于雍正十三年（1735），共八开，分绘山水花卉，草虫瓜果，纵逸粗简，不守绳墨，机趣天然。曾经夏衍收藏。（谢佳玲）

黄松（生卒年不详），字天其、天基、黄石，号耐岩、爱山、屺上人，安徽太平人。署名多作太松。此册共十二开，封面题签"生趣天真"。此页写墨荷莲子，恣意率性，对题为楷书顾师竹诗："岂是留来听雨声，家丞秋寔画中情。秋华悟后方删尽，消受莲塘一味清。"正应画中晚秋荷尽，残叶听雨，莲子清心之意。曾经黄宾虹收藏。（谢佳玲）

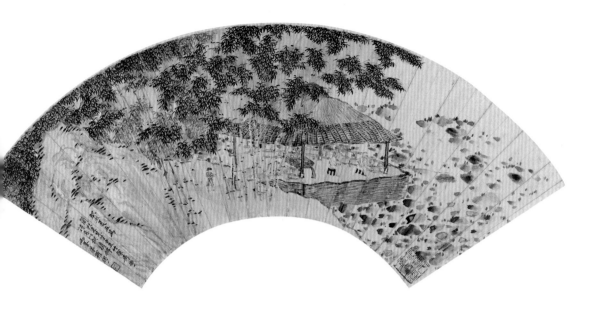

清 罗聘 竹深荷净图
纸本设色 纵15.5厘米 横49厘米
浙江省博物馆藏

罗聘（1733—1799），号两峰、两峰道人、金牛山人、花之寺僧、蓼洲渔父、衣云和尚、竹叟。安徽歙县人，侨居江苏扬州。金农入室弟子，终生布衣，为扬州画派代表画家。此幅作于乾隆五十八年癸丑（1793）。"竹深荷净"出于杜诗"竹深留客处，荷净纳凉时"。曾经夏衍收藏。（谢佳玲）

清　钱善杨　荷花扇页
纸本设色　纵17.5厘米　横50.7厘米
浙江省博物馆藏

钱善杨（1765—1807），字顺父、顺甫，又作慎甫、慎夫，号几山、麂山，自署七峰隐士，秀水（今浙江嘉兴）人。此幅自署"乙丑（1805）秋七月仿白阳山人笔"。（谢佳玲）

清 邵梅臣 墨荷图轴

纸本墨笔 纵110厘米 横43厘米
浙江省博物馆藏

邵梅臣（1776—不详），字香伯，
吴兴（今浙江湖州）人。此幅墨
荷作于丁未（1847）端午，有淡逸
之姿而稍寒简。曾经郑甫森收藏。
（谢佳玲）

清 释达受 墨笔花卉册

纸本墨笔　纵18.4厘米　横25.5厘米

浙江省博物馆藏

释达受（1791—1858），字六舟、秋檝，号万峰退
叟，浙江海宁人。此册共六开，画鸢尾、蔷卜、
萱草、荷、兰、菊，作于道光十九年己亥（1839），
前有吴待秋"笔参禅机"题耑，后有陆庆楹跋和
钱镜塘录释达受小传。此页墨荷，上题元代陈旅
诗："持衣寄所思，欲寄不得远。水国风露凉，徘
徊九秋晚。"曾经钱镜塘收藏。（谢佳玲）

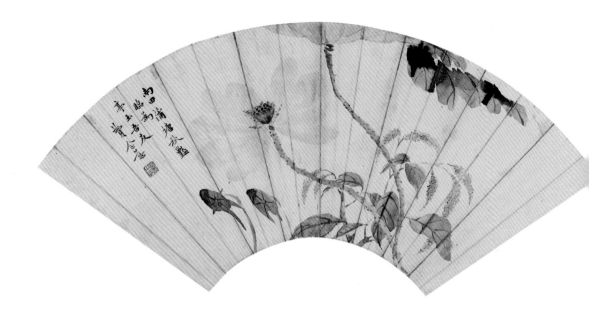

清　费念慈　临南田蒲塘秋艳图
纸本设色　纵18.8厘米　横50.2厘米
浙江省博物馆藏

费念慈（1855—1905），字屺怀，一字峻怀，号西蠡，晚号艺风老人、归牧散人，武进（今属江苏常州）人。著有《归牧集》。自署临恽寿平《蒲塘秋艳》。（谢佳玲）

清 庄曜孚 荷花轴

绢本墨笔 纵85.5厘米 横40厘米
浙江省博物馆藏

庄曜孚（约1870—1938），字莅史，别
号六梅室主，武进（今江苏常州）人。
此幅墨荷为其早年作品，自署"旃蒙
上巳用李今生（海宁女画家李因）意。
南兰陵女史庄耀孚"。（谢佳玲）

莲寓吉祥

明清时期，荷花纹常与各类花鸟纹饰构成一幅幅吉祥的图案。如莲花和牡丹的组合寓意"荣华富贵"，加上白头翁，则称"富贵荣华到白头"；因莲与"连""年"谐音，故莲花与鲤鱼的组合寓意"连年有余"；一只鹭鸶和莲花构成的图案称作"一路清廉"或"一路连科"；因"莲""荷"相近，与"和"谐音，故荷花、海棠、飞燕组合，谓"何（荷）清海宴（燕）"；因藕与"偶"谐音，藕断丝连，并蒂莲开，表示爱情的绵绵不断。并蒂莲与鸳鸯则寓意并蒂同心、姻缘美满。童子抱莲花为"莲生贵子"，代表多子多福，寓意子孙繁衍、人丁兴旺。

清康熙
青花白描婴戏纹印盒
通高4.5厘米　口径10.4厘米　底径7.6厘米
浙江省博物馆藏

盒盖主题纹饰为婴戏图。盖面绘一围肚之孩童，双手双足各佩有腕饰，双手执莲柄，蹲于莲丛之中，呈嬉戏状，盖壁衬以如意纹一周。笔法稚拙，以天真童趣来表达吉祥祝福。（张婉泽）

清 王庆霄 栗田
山水花卉合册
纸本墨笔 纵25.6厘米 横24.6厘米
浙江省博物馆藏

王庆霄（生卒年不详），字喆林，浙江仁和（今杭州）人。此册共八开，中有一开写莲蓬一对、莲藕一支，并以妾与郎比莲与藕作长题，后自书"偶于西湖斋壁见此，回戏写其意"。曾经王芗泉收藏。（谢佳玲）

清 余集 一路青莲图
绢本设色 纵114.6厘米 横54.7厘米
浙江省博物馆藏

余集（1738—1823），字蓉裳，号
秋室，仁和（今浙江杭州）人。此
幅绘白鹭青莲，借谐音寓意，署款
"乙丑（1805）夏抚陈洪绶笔意"。
曾经钱镜塘收藏。（谢佳玲）

清　姚世俊　白鹭红蕖图

纸本设色　纵125.7厘米　横61.7厘米
浙江省博物馆藏

姚世俊（生卒年不详），字粲英，号松
庵，硖川（今属浙江海宁）人。此幅绘
白鹭栖于荷塘，野水浮浮，青萍泛泛，
碧叶红菡。用色艳而沉着，秾而清丽，
重不失古雅，淡不觉贫薄。曾经钱镜塘
收藏。（谢佳玲）

清 李鱓 鸳鸯莲子图
纸本设色 纵118.5厘米 横54.5厘米
浙江省博物馆藏

李鱓（1686—1762），字宗扬，号
复堂、懊道人、衣白山人等，江苏
兴化人。为扬州画派代表画家。此
幅题："鸳鸯莲子，和合生孩。元
敷年道兄，复堂李鱓。乾隆十六年
（1751）三月写贺。"（谢佳玲）

清 任颐 荷花双燕图

纸本设色 纵180.1厘米 横44.6厘米
浙江省博物馆藏

任颐（1840—1896），初名润，字次远，号小楼，改名颐，字伯年，以字行，号山阴道上行者，山阴航坞山（今属杭州萧山）人。此幅荷花勾勒填粉，隐于荷叶之中，荷叶风飞翻动，荷塘中芦草密密丛丛，两只燕子斜掠水面，观者目极处，荷风凉凉。曾经钱镜塘收藏。（谢佳玲）

清 包栋 儿童采莲图轴

纸本设色 纵62厘米 横43.1厘米

浙江省博物馆藏

包栋（生卒年不详），字子梁，一字子良，号近三、苔华馆主，山阴（今浙江绍兴）人。此幅绘三子采莲，题："风裳水佩斗明妆，不但花香叶也香。别把新声歌采采，从来多子是莲房。己未（1859）长夏仿六如解元画本，子良包栋。"（谢佳玲）

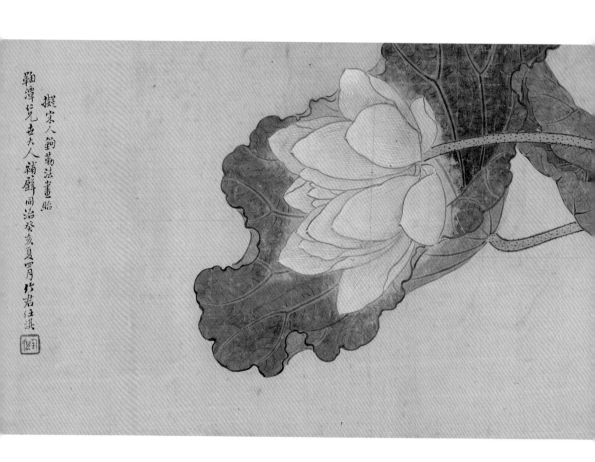

擬宋人鉤勒法畫贈
鞠潭先生大人補壁同治癸亥夏胃作君任淇

清 任淇 工笔花卉卷

绢本设色 纵25.7厘米 横85.4厘米
浙江省博物馆藏

任淇（生卒年不详），一作琪，字竹君，号建齐，萧山人，一说余姚人，寓沪，任熊族叔。此幅以勾勒设色法描写折枝白莲、萱花、夹竹桃，以墨笔湖石为衬，夏意浓浓。署款："拟宋人勾勒法，画贻鞠潭仁兄世大人补壁，同治癸亥（1863）夏四月竹君任淇。"上款人为吴淦，字鞠潭，钱塘（今浙江杭州）人。（谢佳玲）

清 李承煜 任颐
陈景华荷静纳凉图小像

纸本设色 纵128.2厘米 横61.5厘米
浙江省博物馆藏

李承煜（1824—1890），字仙根，
宝山（今属上海）人。此幅由李承
煜写陈景华小像，任颐补湖石荷
花，友人汪丹诚、葛承庆、徐家
礼、全吉石应邀题诗。曾经钱镜塘
收藏。（谢佳玲）

清 任薰 荷花成扇
纸本设色 纵18厘米 横55厘米
浙江省博物馆藏

任薰（1835—1893），字舜琴，又字阜长，少丧父，从兄学画，父任椿、兄任熊皆善画。为海上画派代表画家。此幅扇面绘白莲蓼草，正是荷塘夏末秋初时。（谢佳玲）

莲可为器

　　清代，是中国古代造型艺术的高峰，以莲荷为创作灵感和装饰主题的艺术品层出不穷。有以莲纹装饰在器物之上的，也有以荷叶、荷花、莲蓬等为蓝本塑型作器的，莲荷风貌与器物功用完美融合，极具生趣。

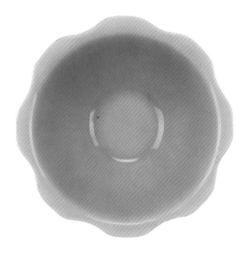

清乾隆
青釉荷叶形碗
高7.8厘米　口径20.8厘米　底径7厘米
浙江省博物馆藏

　　荷叶形碗，唐、五代流行碗式之一。因碗面坦张，边沿作荷叶形而得名。该碗造型端正，暗刻荷叶脉纹，胫部刻变体莲瓣纹一周。通体施仿龙泉窑青釉，釉色肥润、匀净，恰似一出水莲叶。（张婉泽）

清乾隆
青白釉莲子碗
高6厘米 口径10.1厘米 底径3.8厘米
浙江省博物馆藏

莲子碗因其外型似莲子而得名，碗心呈尖形，似鸡心，故又称"鸡心碗"。器身常绘以细长莲瓣，多见白釉和青花器。此碗白釉泛青，釉质光亮滋润。外壁近口沿处浅划云雷纹和弦纹组合而成的纹样一周，下腹壁深刻仰莲瓣。莲子在古代被视为子孙满堂、家族人丁兴旺的象征，寄托了"莲生贵子"的祝愿。（张婉泽）

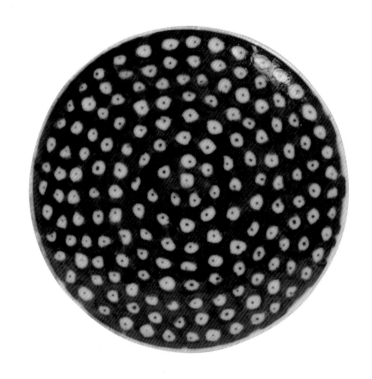

清乾隆
青花莲花式印盒
通高4.8厘米 口径10.4厘米 底径4.7厘米
浙江省博物馆藏

印盒子母口扣合而成，盖面绘作莲蓬，盒外壁绘三重莲瓣纹。整器如
一朵盛开的莲花。设计精妙，清新雅洁。（张婉泽）

清
青花莲纹壶
高8.8厘米　口径3.4厘米　足径5.9厘米
杭州博物馆藏

子母口，折肩，深弧腹，平底。器盖圆形，莲蓬状钮。壶身外壁刻莲瓣纹，纹饰由肩部至底共四层。腹部两侧有半圆形柄及管状流。器盖及流施蓝釉，壶身施青白釉，壶底有支钉支烧痕迹。（杭州博物馆）

清乾隆
白釉莲花形水盂
高8厘米 口径2.1厘米 底径2.8厘米
浙江省博物馆藏

水盂为供磨墨的盛水器。宋龙大渊《古玉图谱》："水丞
贮砚水的小盂。亦名水中丞。"体形轻微，属于文房中
的小品。清代水盂传世品较多，常见饰荷花。此件器身
由十二瓣莲花瓣组成，纹饰从肩部过腹到底，极为素
雅。（张婉泽）

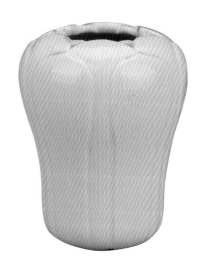

清乾隆
青花荷叶小杯
高4.3厘米 口径7.8厘米 底径4.3厘米
杭州博物馆藏

杯整体呈椭圆形，直口，斜直腹，平底内凹。通体施釉，内壁青花彩绘叶脉纹，外壁
施蓝釉，用青花留白勾勒叶脉纹。杯底有三处支钉痕迹。（杭州博物馆）

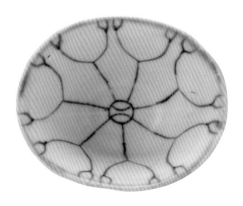

清乾隆
青花釉里红莲花纹水注瓷碗
高4.9厘米 长12.9厘米 宽9.7厘米
杭州博物馆藏

瓷碗呈荷叶形，多曲口，弧腹，平底，口沿一侧
贴塑一莲蓬状柄。腹部一侧连接一水注，整体呈
莲苞状，内中空，顶部有出水孔。瓷碗内壁青花
彩绘叶脉，外壁施蓝釉，以青花留白形式勾勒叶
脉。水注顶部出水口外施红釉。碗底有支钉支烧
痕迹。（杭州博物馆）

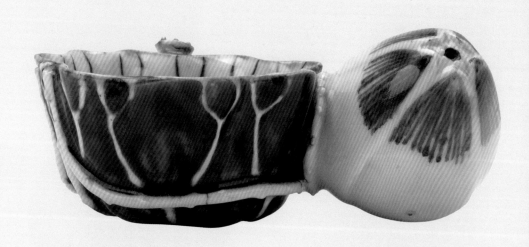

清乾隆
景德镇窑青花莲子杯
高4.3厘米 口径6.2厘米 底径2.2厘米
原清宫旧藏
镇江博物馆藏

敞口，弧腹，圈足。通体青花描绘纹饰，口沿内外壁分别以回纹、灵芝花卉纹为饰，外底端为三重莲瓣纹。内底双圈内绘缠枝莲纹，周围绘大小西番莲间隔相交，整个画面布局规整，舒朗有致。足内底青花篆书"乾隆年制"四字款。
乾隆皇帝喜爱莲花，据学者统计其描写荷莲的御制诗就达百余首。这种喜好也直接体现在御窑瓷器的制作上。此种杯形小巧可爱，既可把玩又能宴饮。当为鸡心杯样式，明永乐、宣德时期始烧，乾隆时期多有仿制。（蓝旻虹）

清同治
粉彩莲瓣形碗
高7厘米 口径14.5厘米 底径8厘米
镇江博物馆藏

碗为多重莲瓣立体造型。外腹通体施以淡绿色釉，碗内壁和外底为松石绿釉。在每层
莲瓣上涂胭脂红彩和线描花脉纹，底部红彩方框内书"大清同治年制"六字篆书款。
款识书写随意，不规整，为民窑产品。（蓝旻虹）

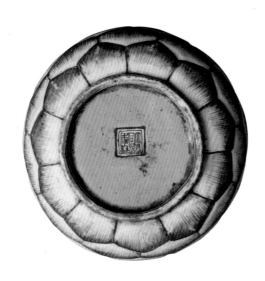

清

描彩漆莲蝠纹葵瓣式攒盒

直径34厘米 高8.5厘米

浙江省博物馆藏

攒盒最早出现于西汉，是用来盛装干果、菜肴的
食具。当时称"楅子""槅子"，形制多以圆或方
形为框架，发展到明清两朝，工艺极为精致。这
件清代攒盒，以八件独立葵瓣形小盒，围绕中央
一圆盘组合。上下器壁绘金蝠纹与缠枝莲纹，运
笔细腻，工致繁复。蝠莲纹是中国传统的吉祥纹
饰之一。以"蝠""莲"谐音"福""连"，寓意
"幸福相连""福延万代"。（张婉泽）

以莲作饰

　　清代莲纹装饰，汲取了之前各时代的特色，形态特征从写实状到几何化，图案场景从以莲为独立纹样到与各类纹样组合出现，并逐渐形成了莲纹装饰的程式化形态。以陶瓷为例，随着青花、斗彩、五彩、珐琅彩等各个瓷器品种的争奇斗艳，莲纹装饰也呈现出从纯色素雅到五彩斑斓的趋势。

粉彩，又称"洋彩"，在珐琅彩瓷的基础上烧制，属釉上彩。雍正粉彩多在白釉面上直接施彩作画，胎质细白，釉色莹润，器型以日用瓷为主，兼有文房用具等陈设瓷。该盘内底粉彩荷花莲叶水草纹，釉色温润，呈现淡雅柔丽之感。外底"精雅古玩"青花双圈双行篆书款。（张婉泽）

清雍正
景德镇窑粉彩荷花水草纹盘
高3.8厘米 口径16.1厘米 底径10厘米
浙江省博物馆藏

清雍正

景德镇窑粉彩莲花纹瓷碗

高4.5厘米 口径9厘米 底径3.5厘米

浙江省博物馆藏

外底"大清雍正年制"青花六字双行楷书款。

清光绪
里青花外粉彩莲荷纹碗
高7.5厘米 口径17.3厘米 底径7.3厘米
浙江省博物馆藏

里青花、外粉彩，运用青花粉彩两种技法装饰，工艺复杂。该碗以白釉为地，内壁、碗心满饰青花缠枝莲纹，外壁施以粉彩，绘缠枝莲花莲叶纹，圈足上绘有曲折纹一周。画工细腻而粉彩色泽艳美，荷茎曲折而上，莲花姿态万千，有"本固枝荣"之意。（张婉泽）

清康熙

青花五彩罐

高19.8厘米 口径9.7厘米 底径12.5厘米

浙江省博物馆藏

此罐腹部青花五彩绘如意纹开光两组，一组绘有山水人物垂钓图，一组绘
有博古图。底纹绘上下二枝折枝莲花纹，间以矾红彩绘连续三角纹。图案
画面生动，青花淡雅，五彩艳丽。（张婉泽）

清康熙
青花荷塘清趣纹盘（一对）
高3.5厘米 口径21.1厘米 底径11.5厘米
浙江省博物馆藏

敞口折腹，大平底矮圈足，内底绘荷塘清趣
图，素雅可人。外底有花押款。内壁填青留白
饰一圈锦地钱纹。胎质细洁，青花发色素淡，
因系海捞出水，表面无光泽。（张婉泽）

清康熙
青花莲塘纹笔筒
高13.4厘米　口径11.2厘米　底径9.6厘米
浙江省博物馆藏

笔筒内外施白釉，釉色清亮。外壁青花绘一鹭、莲塘，寓意"一路连科"。此纹饰取鹭与路、莲与连的谐音，表示科举仕途顺利，是对科举时代应试考生的祝颂语，清代瓷器上多见。古时士子为求功名，特别喜爱这一题材之装饰。（张婉泽）

一束莲纹

　　莲花纹的一种形式，因将折枝莲花、莲叶和莲蓬用锦带扎成束状而得名。常见的是作对称构图的一把莲，还有均齐式构图的二把莲和三把莲，始见于宋代耀州窑青瓷的印花纹饰。明代永乐、宣德年间的青花盘心，盛行描绘一把莲纹，清代把莲纹瓷盘亦较为多见。

清康熙
青花缠枝莲纹大罐
高59.3厘米 口径20厘米 底径28.7厘米
浙江省博物馆藏

此罐为盈式盖，宝珠钮，造型饱满，釉面盈润，釉面有晕散现象。腹部饰缠枝莲花，莲花穿枝的主枝以花朵为中心变化、反复，花叶缠绵。缠枝莲花纹为缠枝纹一种，又称"勾莲纹"，是传统吉祥纹样之一。因其图案花枝缠转不断，寄托了"连绵不绝"的美好祝愿。（张婉泽）

清康熙
景德镇窑青花缠枝莲纹碗
高7.5厘米 口径16.2厘米 底径6.2厘米
浙江省博物馆藏

碗内底饰青花缠枝莲一朵，外腹壁等距离绘青花缠枝莲六朵。枝叶蔓延，花朵繁盛，层次丰富。外底"大清康熙年制"青花六字双行楷书款。（张婉泽）

清康熙
景德镇窑青花番莲纹碗
高6.4厘米 口径12.2厘米 底径5.5厘米
镇江博物馆藏

碗敞口，弧壁，圈足。器内底青花双圈内绘西番莲一束，叶片繁茂，舒卷自如。外壁同绘连续构图西番莲一圈，近足处饰卷叶纹饰带。碗足底中心青花楷书"大清康熙年制"六字双行款，字体端庄隽秀。整体造型规整沉稳，青花色泽明艳。一般认为，西番莲纹受到西来文化的影响，自明代以来，已经出现一定的造型规范，后成为明清皇家御用的一种图案，是建筑、陶瓷、铜胎珐琅等的常见装饰纹样。（蓝旻虹）

清乾隆
景德镇窑豆青釉缠枝莲纹高足盘
高8.3厘米 口径17.5厘米 底径8.5厘米
浙江省博物馆藏

盘内底釉下刻缠枝牡丹花叶纹，外底绕圈足刻一周莲瓣纹。
圈足内侧"大清乾隆年制"青花六字横排篆书款。（张婉泽）

清道光
景德镇窑青花缠枝莲纹高足碗
高12.7厘米 口径18.5厘米 底径9.3厘米
浙江省博物馆藏

道光官窑承袭乾嘉时期瓷器的艺术遗风,烧造品种和造型创新少,纹饰多采用寓意吉庆的图案,绘制技法工笔多于写意。该件高足碗画面规整,笔触工整细致。圈足内侧"大清道光年制"青花横排篆书款。(张婉泽)

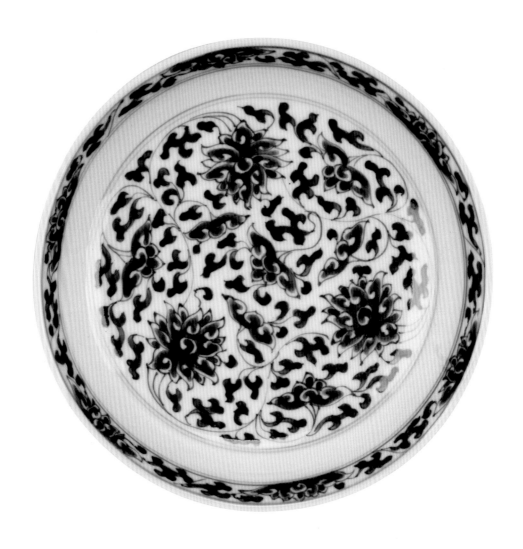

清康熙
景德镇窑青花缠枝莲纹盘
高3.1厘米 口径15.1厘米 底径9厘米
浙江省博物馆藏

盘沿绘缠枝莲纹，盘底绘缠枝团花莲纹，外壁也绘缠枝莲纹一周。青花呈色艳丽，富立体感，运用勾线晕染。底部"大清康熙年制"青花六字双行楷书款。胎体细密，白釉莹润，制作精良。（张婉泽）

清道光
景德镇窑青花缠枝莲纹盘
高3厘米 口径15.5厘米 底径9厘米
浙江省博物馆藏

外底"大清道光年制"青花六字三行篆书款。

清光绪
景德镇窑青花缠枝莲纹盘
高3.7厘米 口径15.5厘米 底径9厘米
浙江省博物馆藏

外底"大清光绪年制"青花六字双行
楷书款。

清乾隆
景德镇窑青花缠枝莲纹赏瓶
高37.5厘米 口径9.5厘米 底径12.3厘米
浙江省博物馆藏

赏瓶初名"玉堂春瓶",自雍正朝创烧伊始,一
直延续烧造至宣统朝并以乾隆朝最具代表性。
此瓶即乾隆朝的新样式,器形秀美隽永。肩部无
凸棱,纹饰层次分明,自上而下绘波涛纹、如意
云头、蕉叶纹、曲折回纹,腹部主题纹饰为双缠
枝莲纹,近足处饰变体莲纹及卷草纹。青花色泽
雅致,浓淡相宜。(张婉泽)

清光绪
青花缠枝莲纹赏瓶
高44厘米 口径13.5厘米 底径14.2厘米
浙江省博物馆藏

满池娇

满池娇原是一种宫廷服装图案的名称，描绘的是池塘中的花、鸟景色。元代青花瓷器上常见的莲池鸳鸯图纹亦名满池娇，后代沿用。有的只绘莲池，有的在莲池中绘有禽鸟（只见鸳鸯、鹭鸶），多绘在大盘、大碗的内底，亦有绘在八棱大罐外壁开光内者。

清雍正
景德镇窑斗彩荷塘鸳鸯纹碗
高8.3厘米 口径20.2厘米 底径9.6厘米
浙江省博物馆藏

荷塘鸳鸯图为明清官窑的经典纹样。此碗外壁斗彩绘荷塘鸳鸯纹四组，内底双圈内绘荷塘鸳鸯纹。端庄秀丽，胎釉精良。外底"大清雍正年制"青花六字三行楷书款。（张婉泽）

莲托八宝

明清帝王信奉藏传佛教，以轮、螺、伞、盖、花、罐、鱼、肠组成的"八吉祥"图案流行甚广，在瓷器上，八吉祥往往与莲花结合，表现为"莲托八宝"的形式。

清雍正
"清荫堂制"款
青花缠枝莲托八宝纹盘
高2.7厘米 口径14.5厘米 底径9.8厘米
浙江省博物馆藏

此件主题纹饰作典型"莲托八宝"纹，内底、外壁皆绘之。内底绘有方胜、盘肠、秋叶、拍板等，外壁则绘银锭、果子、铜钱、火珠、双角、聚宝盆、如意、拍板，上下分别有双圈弦纹。外底"清荫堂制"青花双行楷书款。（张婉泽）

清光绪
景德镇窑粉彩八宝纹大盘
高6.3厘米 口径34厘米 底径22.5厘米
浙江省博物馆藏

八宝纹是由金轮、海螺、宝伞、华盖、莲花、宝罐、金鱼、盘肠组合而成的吉祥纹饰，又有"八吉祥""吉祥八宝"之称。原是流传于藏传佛教地区的八种宝物图案，自元代流传入内地，在元明清时期得到广泛传播，成为瓷器装饰中的重要图案之一。此大盘内沿金彩一周，沿下粉彩绘一圈如意纹，浅腹部绘绶带缠四季花卉八宝纹，盘心绘绿彩缠枝牡丹花，以金彩界格。外壁绘三组缠枝花。色彩明丽，纹饰饱满生动，寓意吉祥。外底"大清光绪年制"矾红六字双行楷书款。（张婉泽）

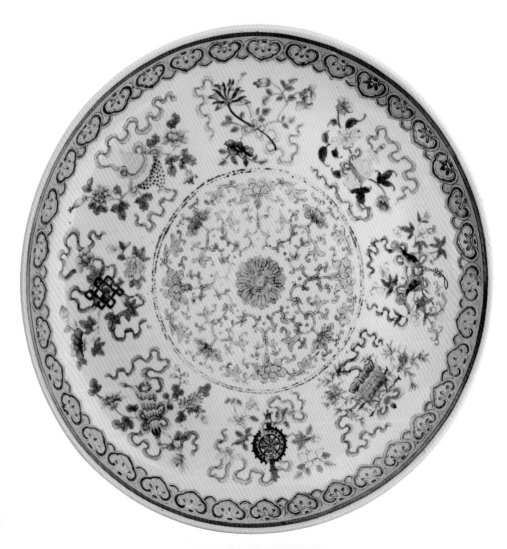

清雍正
景德镇窑斗彩宝相花纹盏（一对）
高4.4厘米　口径10.1厘米　底径3.7厘米
浙江省博物馆藏

斗彩又称"逗彩"，是釉下青花和釉上彩色相结合的一种瓷器装饰手法，因其纹饰中
釉下青花色与釉上彩色同时出现，好似争奇斗艳而得名。这一对碗胎薄体轻，白釉为
底，釉下青花勾线，底心绘折枝宝相花，外壁绘缠枝宝相花四朵，胫部绘变体仰莲纹。
填以五彩，色彩淡雅。外底"大清雍正年制"青花六字双行楷书款。（张婉泽）

清雍正
景德镇窑矾红宝相花纹盘
高3厘米 口径14.8厘米 底径9.4厘米
浙江省博物馆藏

宝相花纹是传统瓷器装饰纹样，并不专指单一花型，而是将花卉（多为莲花）题材变形，使之程式化、图案化后的图样。"宝相"说法源于佛教，"宝相花"吸收了宗教元素，便寄托了纯洁、吉祥、美满的美好寓意。该盘外壁满饰矾红釉缠枝宝相花纹。纹饰繁而不密，气质富丽。外底"大清雍正年制"青花六字双行楷书款。（张婉泽）

清乾隆
景德镇窑斗彩宝相花纹碗
高6.5厘米 口径14.4厘米 底径6.5厘米
浙江省博物馆藏

乾隆时期，宝相花纹多用做辅纹来衬托主纹，从而使装饰效果更加富丽堂皇。该碗外壁青花勾线，填以五彩，绘宝相花，胫部绘如意一周。色彩典雅，纹饰繁密。外底"大清乾隆年制"青花六字三行篆书款。（张婉泽）

宝相花纹

宝相花纹是陶瓷器装饰的传统纹样之一，多见于明清景德镇瓷器。是将自然界花卉（主要是莲花）的花头作艺术处理，使之图案化、程式化。其形式主要有两种：一种为平面团形，以8片平展的莲瓣构成花头，莲瓣尖端呈五曲形，各瓣内又填饰三曲小莲瓣，花心由8个小圆珠和8瓣小花组成；另一种是立面层叠形，以层层绽开的半侧面勾莲瓣构成。

清道光
景德镇窑斗彩宝相花纹小碟
口径10.7厘米 底径6.8厘米 高2.3厘米
浙江省博物馆藏

腹壁绘满缠枝宝相花，圈足上壁施一道青花弦纹，内底绘缠枝宝相花。外底"睿邸退思堂制"矾红六字三行楷书款。（张婉泽）

后　　记

夏日炎炎，荷塘消暑，眼前一派明媚，风中满是清香。

田田荷叶下，鸳鸯游鱼嬉戏；莲华袅袅间，蜂鸟蜻蜓栖息。碧波荡漾中，赏鱼戏新荷的灵动，品风动莲香的安然。

在传统文人心中，草木皆关情。荷开、荷盛、荷落，承载着高贵的品质、诗意的生活。千年前，久客京师的钱塘人周邦彦，以"水面清圆，一一风荷举"写尽了江南荷塘的绰约之姿，随风而起的，除了亭亭如盖的荷叶，还有故土难离的热切、精神家园的追寻。

山川知夏，灼灼岁华；

荷花十里，明月天衣。

芙蕖开过尚盈盈……

本书缘起浙江省博物馆"一一风荷举：荷文化与杭州西湖"展，衷心感谢中国美术学院、杭州博物馆、镇江博物馆、宁波博物院、上虞博物馆的大力支持和不吝借展。感谢馆内外同仁在筹展过程中提供的帮助！

江　屿

2022 年 7 月

荷物志

博物馆里的千年荷韵 编委会

主　任

陈水华

委　员

纪云飞　许洪流　蔡　琴　徐永盛　王　炬

主　编

江　屿

编写团队

曾　莹　魏祝挺　谢佳玲　张婉泽

图书在版编目(CIP)数据

荷物志：博物馆里的千年荷韵 / 浙江省博物馆编. --
上海：上海书画出版社，2022.8
ISBN 978-7-5479-2849-3

Ⅰ.①荷… Ⅱ.①浙… Ⅲ.①文物－介绍－中国Ⅳ.
①K87

中国版本图书馆CIP数据核字（2022）第128322号

荷物志：博物馆里的千年荷韵

浙江省博物馆 编

策　　划	朱艳萍
责任编辑	黄坤峰
特约编辑	张怡忱
审　　读	雍　琦
封面设计	刘　蕾
技术编辑	包赛明

出版发行	上海世纪出版集团 上海书画出版社
地址	上海市闵行区号景路159弄A座4楼
邮政编码	201101
网址	www.shshuhua.com
E-mail	shcpph@163.com
制版	上海久段文化发展有限公司
印刷	浙江新华印刷技术有限公司
经销	各地新华书店
开本	787×1092　1/16
印张	10.75
版次	2022年10月第1版　2022年10月第1次印刷
书号	ISBN 978-7-5479-2849-3
定价	118.00元

若有印刷、装订质量问题，请与承印厂联系